TRĂIND PRIN CREDINȚĂ

ÎN ISUS HRISTOS

Mirela Gergely Bundoo

TRĂIND PRIN CREDINȚĂ ÎN ISUS HRISTOS
Copyright © 2021 de Mirela Gergely Bundoo

ISBN 978-1-915223-05-0

Toate drepturile rezervate.

Nici o parte a acestei publicații nu poate fi reprodusă, stocată într-un sistem de recuperare sau transmisă în orice formă sau prin orice mijloace, electronice, mecanice, prin fotocopiere sau în alt mod, fără acordul scris prealabil al editorului, cu excepția cazurilor prevăzute de legea drepturilor de autor din Marea Britanie. Pot fi utilizate citate scurte în scopuri de recenzie precizând sursa.

Traducerea principală utilizată: NKJV

Citatele din Scriptură sunt preluate din New King James Version®. Copyright © 1982 de Thomas Nelson. Folosit cu permisiune. Toate drepturile rezervate.

THE HOLY BIBLE, NEW INTERNATIONAL VERSION®, NIV® Copyright © 1973, 1978, 1984, 2011 de Biblica, Inc.® Folosit cu permisiune. Toate drepturile rezervate în întreaga lume.

Accentele din citatele din Scriptură sunt ale autorului.

Publicat de
Maurice Wylie Media
Editorul tău creștin, motivațional

Declarația editorilor: în toată această carte dragostea pentru Dumnezeul nostru este de așa natură încât, ori de câte ori ne referim la El, îl onorăm scriind cu Majuscule. Pe de altă parte, când ne referim la diavol, refuzăm să-l acordăm orice onoare până la punctul de a încălca regula gramaticală și de a reține capitalizarea.

Pentru mai multe informații vizitați
www.MauriceWylieMedia.com

Declinarea responsabilității
Numele și detaliile de identificare ale anumitor persoane au fost modificate pentru a le proteja confidențialitatea.

CUPRINS

	DEDICAȚIE	9
	INTRODUCERE	10
Capitolul 1	GĂSIREA CELUI UNIC	13
Capitolul 2	BĂTĂLIA MINȚII	20
Capitolul 3	TRĂIND PRIN DESCURAJARE	25
Capitolul 4	VORBIND ÎNTR-O LIMBĂ DIFERITĂ	33
Capitolul 5	ORICE CEREȚI	39
Capitolul 6	DUMNEZEUL CARE DĂ	48
Capitolul 7	CALEA SPRE CASĂ	52
Capitolul 8	CÂND DUMNEZEU VORBEȘTE	57
Capitolul 9	FOC ÎN CORPUL MEU	63
Capitolul 10	ÎNDEPĂRTÂND HAINA DE JUDECĂTOR	71
Capitolul 11	EXTINDEREA BISERICII	84
Capitolul 12	SALAM ȘI PATRU ROȘII	90
Capitolul 13	VINDECÂND ÎN NUMELE LUI ISUS	96
Capitolul 14	DUMNEZEUL MIRACOLELOR	103
Capitolul 15	ESTE TIMPUL SĂ SCRII	110
Capitolul 16	TOATĂ SLAVA DUMNEZEULUI NOSTRU	116

DEDICAȚIE

Dedic această carte pastorilor și prețioasei familii care m-a ajutat în călătoria mea în Irlanda; și celei mai bune prietene, Corina, din Dublin.

Vreau să vă mulțumesc tuturor pentru modul în care m-ați acceptat în viața voastră și a-ți avut răbdare cu mine, deoarece Dumnezeu își făcea lucrarea în mine. Dragostea și răbdarea voastră în acest timp sunt foarte apreciate. Recunosc privilegiul pe care mi l-a dat Dumnezeu să vă am pe toți în viața mea și cât de binecuvântată sunt să vă cunosc. Vă mulțumesc și Dumnezeu să vă binecuvânteze și să vă răsplătească în numele lui Isus. Amin.

INTRODUCERE

Indiferent de locul în care simți că te afli spiritual; această carte a fost scrisă pentru tine. La fel cum Domnul m-a condus într-o călătorie pentru a-L descoperi, cred că, în timp ce citești această carte, slava Dumnezeului nostru ți se va dezvălui și ție.

Intenția acestor scrieri este ca, împărtășind mărturiile și experiențele mele, Dumnezeu îți va întări credința ta și îți va da o dorință și mai mare de a-L sluji mai mult.

Dacă încă nu ți-ai dedicat viața lui Dumnezeu; mă rog ca atunci când citești această carte, Dumnezeu să-ți cerceteze inima și să-ți dea dorința de a-L descoperi. Sau poate, fiind copilul Lui, dintr-un motiv sau altul, ți-ai pierdut calea și te-ai îndepărtat de El. Dacă aceasta este situația în care te afli, mă rog Domnului ca prin citirea acestei cărți, să descoperi prin harul Său și credința în El, direcția de a reveni la calea cea *dreaptă*.

Treceam prin atât de multă durere și, neștiind mai bine, i-am permis satanei să mă mintă, să mă lege cu gânduri și să mă țină în robie mai mult de 20 de ani. Dar, prin harul lui Dumnezeu, am fost eliberată, și am avut o înțelegere cu totul nouă a iubirii Sale pentru mine. Credința mea a început să crească și m-am trezit pusă în situații și m-am întâlnit cu oameni care m-au ajutat și au contribuit la creșterea mea spirituală.

Pe măsură ce creșteam în credință, am dezvoltat o relație puternică cu Dumnezeu; prin aceasta, am descoperit din ce în ce mai multe despre dragostea și caracterul Său. Am învățat cum să am încredere și să depind total de El. Învățând cum să mă încred în El, încet-încet mi-am descoperit chemarea și dorința de a fi un lucrător în Împărăția Sa. Plină de fericire și recunoscătoare pentru ceea ce făcea Dumnezeu în viața mea, am ajuns în punctul în care eram atât de copleșită de bunătatea Lui încât nu puteam să-mi opresc lacrimile de bucurie. L-am rugat pe Dumnezeu să-mi spună ce puteam face pentru a-I mulțumi pentru ceea ce făcuse pentru mine. Chiar în acel moment, mi-a răspuns spunându-mi să scriu o carte. Mi-a spus să împărtășesc prin ce treceam și ceea ce m-a învățat în această perioadă, despre toate mărturiile mele și despre modul miraculos în care lucra în viața mea. El m-a asigurat cu iubire că atunci când oamenii o vor citi, vor fi încurajați și nu vor mai asculta minciunile dușmanului. În schimb, ei vor învăța cum să dezvolte o relație cu Tatăl lor ceresc.

În momentul în care am auzit acest lucru; am fost confuză. I-am spus cu voce tare că nu știu să scriu o carte, dar El m-a asigurat că mă va ajuta. Tocmai atunci, mi-a arătat o viziune a unei cărți cu poza mea în colț. Titlul era **"TRĂIND PRIN CREDINȚĂ ÎN ISUS HRISTOS"**. Dar cum să încep, cum să găsesc un editor? Dumnezeu m-a condus la Maurice Wylie Media, care m-au îndrumat prin toate etapele de publicare, chiar și până la punctul... în care fondatorul, Maurice Wylie, a creat coperta, nu am mai putut și am plâns. Nu sunt sigură ce credea văzându-mă plângând? A crezut că eram dezamăgită sau ce? Dar ceea ce a prezentat el a fost designul exact care mi-a fost dat într-un vis de Dumnezeu – cu siguranță Dumnezeu mergea înaintea mea, în timp ce îmi curgeau lacrimi de fericire.

Mi-a luat ani să mă încred pe deplin în Dumnezeu cu privire la această chestiune, deoarece nu eram sigură că aveam capacitatea de a scrie; dar, după cum știm din Biblie *"La Dumnezeu, toate lucrurile sunt posibile"*.

Acum, prin harul lui Dumnezeu, acest lucru s-a întâmplat și acum ai în mână cartea despre care mi-a vorbit! Slava să fie a Dumnezeului nostru!

Acest lucru în sine, pentru mine, a fost un proces de învățare uriaș, deoarece m-a învățat că Cuvântul lui Dumnezeu este adevărat; El nu minte niciodată. Chiar dacă momentul nu are nici un înțeles pentru noi și nu totul se întâmplă instantaneu, dacă vă vorbește și vă spune că se va întâmpla ceva – puteți fi siguri că se va întâmpla!

În ciuda a cât de ciudată ar părea pentru tine credința mea puternică în interacțiunea lui Dumnezeu în viața mea, sau cât de imposibile pot părea evenimentele; așa cum se spune în Ezechiel 12:25, *"Căci Eu sunt Domnul. voi vorbi; ce voi spune **se va împlini**."*

Capitolul Unu

GĂSIREA CELUI UNIC

Crescând în România, viața mea cu Isus a început atunci când mama mea m-a dedicat în biserica noastră locală. Mama mea era creștină când m-am născut, așa că am crescut fiind învățată Scripturile și spunându-mi-se că Dumnezeu mă iubește. Ea a fost foarte dedicată credinței ei și de multe ori mi-a spus când eram copil, că a simțit că sunt atât de specială încât m-a dat lui Dumnezeu. În acel moment, nu am înțeles pe deplin ceea ce îmi spunea, dar am putut vedea că vorbea foarte serios.

Ceva ce am înțeles totuși, în acel moment că îmi era o teamă copleșitoare de întuneric. Asta, încă îmi amintesc până în ziua de azi. Când eram foarte mică, în Romania pe vremea lui Ceaușescu, (Comunist Român și lider) electricitatea era oprită în fiecare noapte de la 7 p.m. la 8 p.m. Era foarte înfricoșător pentru mine ca și copil.

Îmi amintesc că atunci când se întâmpla acest lucru în fiecare noapte, mama mea ne aduna pe mine și pe frații și surorile mele în jurul ei și cântam cântece creștine. Ne adunam împreună în întuneric și cântam până când energia electrică era redată.

Tatăl meu nu era cu noi în fiecare seară pentru că muncea din greu pentru a se asigura că avem tot ce ne trebuia. El furniza tot ce aveam nevoie, deoarece eram șapte copii în familia noastră, deci o mulțime de guri de hrănit. Tatăl meu avea două atribute principale: era muncitor și avea o inimă bună. Îmi amintesc că uneori mergeam la biserică cu el; el le spunea mereu celor prezenți că voi lucra pentru Dumnezeu. Ascultându-l, mi-am imaginat atunci că voi crește și voi merge la școală, la Universitatea de Teologie și, în cele din urmă, voi merge în călătorii misionare în întreaga lume. Mulți misionari veneau în România, așa că mi-am imaginat că voi fi ca ei. Văzând ceea ce au făcut și viețile fiind schimbate, dorința de a lucra pentru Dumnezeu a crescut în mine.

Seara îi rugam pe părinții mei să-mi spună mai multe despre Dumnezeu. Ascultând poveștile din Scripturi, mă uimea cine era acest Isus iubitor. Uneori, tatăl meu venea acasă mai devreme de la locul de muncă și participa la serile noastre *fără electricitate*, adunându-ne și spunându-ne povești din Biblie. Chiar dacă într-o perioadă de timp auzeam aceeași poveste de la fiecare dintre ei, cumva, povestea era doar puțin mai vie, pentru că o spuneau prin caracterul lor cu expresivitate. Mama ne-a spus odată despre Samuel;[1] cum a fost dat lui Dumnezeu de mama sa, Ana. Apoi mi-a explicat exact cum m-a dedicat lui Dumnezeu când eram mică și, de asemenea, lucrării Domnului. Ea a explicat: „Mirela, Dumnezeu te iubește mai mult decât te pot iubi eu vreodată. Ține la tine mai mult decât pot eu să țin la tine. Pot fi cu tine doar uneori, dar Dumnezeu va fi cu tine tot timpul. El este cu tine peste tot: la școală, joacă, când dormi; Mirela, peste tot!"

Undeva în mintea mea mi L-am imaginat întotdeauna pe Dumnezeu ca pe un bătrân care stă cu o barbă albă, puțin ca Moș Crăciun, Nu știam atunci că majoritatea creștinilor gândesc așa!

Nepotul meu, care era exact cu trei săptămâni mai mare decât mine, a venit să locuiască în același bloc cu noi. De fapt, era apartamentul din fața noastră, la etajul patru. Într-o zi ne cățăram împreună pe un scaun pe balcon și am putut vedea cerul și așa am început să vorbesc cu Dumnezeu.

---

[1] 1 Samuel 1:21-28

În timp ce vorbeam cu El, această lumină strălucitoare a apărut și a strălucit ca și cum ar fi direct asupra noastră. În acel moment nu mi-a mai fost frică de întuneric. Mama a observat că ni s-a întâmplat ceva când ne-am întors în apartament și m-a întrebat... "Ce s-a întâmplat cu tine?" I-am spus ce s-a întâmplat și că nu-mi mai era frică de întuneric, deoarece știam că Dumnezeu era cu mine tot timpul.

După acea zi, aproape în fiecare noapte am avut acest vis…

Opream oamenii în mașinile lor și le ceream să mă ia în călătorie ca să-l pot întâlni pe Dumnezeu. Nu știam exact unde mă duc, dar am vrut să-l caut pe Dumnezeu. Apoi ajungeam la o poartă de aur foarte mare. Era un înger la poartă și îi spuneam că vreau să vorbesc cu Dumnezeu. Îngerul deschidea poarta și treceam prin ea. Începeam să merg pe o stradă lungă făcută din aur si pietre prețioase care străluceau atât de luminos, eram uimită! Apoi, auzeam: "Mirela, trezește-te, este timpul să te duci la școală!" Mă trezeam cu lacrimi în timp ce visul meu de a-l întâlni pe Dumnezeu se dovedea a fi ceva ireal. Uneori încercam să adorm câteva minute sperând că voi mai visa, dar nu am văzut niciodată sfârșitul. Timp de mulți ani, am avut același vis; dar mama mă trezea exact în același punct al visului de fiecare dată. Când m-am plâns mamei mele cu privire la asta, mi-a spus doar să nu-mi fac griji, pentru că într-o zi mă voi întâlni cu Dumnezeu și voi putea să vorbesc cu El.

Chiar dacă eram prea tânără pe atunci pentru a înțelege lucrurile spirituale, Dumnezeu lucra în familia mea. În timp ce eram încă tânără, tatăl meu fusese diagnosticat cu cancer la ficat. Era agresiv; era în ultimele etape și lua morfină pentru a-l face să doarmă și pentru a-i ușura durerea severă pe care o avea. Înțelegând cât de săraci eram, medicii i-au spus mamei că îl poate duce acasă pentru că va muri în câteva zile și va fi foarte dificil să-l ducă acasă dacă murea în spital. Mama mi-a spus că nu poate accepta că tatăl meu va muri și o va lăsa singură cu șapte copii. A început să se roage lui Dumnezeu să-i cruțe viața tatălui meu și să-l vindece.

A doua zi a aflat că într-un oraș mic, la aproximativ 250 km de locul în care locuiam, era un om al lui Dumnezeu; un profet care se ruga pentru oamenii bolnavi. S-a dus să-l vadă, plină de credință că în acea zi, tatăl meu va fi complet vindecat. Când a început timpul rugăciunii, profetul a venit la mama mea și i-a spus că, atunci când se va întoarce acasă, îl va vedea pe tatăl meu vindecat. Nici măcar nu s-a rugat pentru ea sau pentru tatăl meu, dar mama a simțit acest lucru știind în spiritul ei că Dumnezeu i-a răspuns rugăciunilor. Când mama a ajuns acasă, așa cum spusese profetul - tatăl meu arăta ca și cum fiecare durere a dispărut, o nouă viață era în el și un zâmbet îi era pe față – era vindecat!

În dimineața următoare luni ea a fost cu tatăl meu la același medic și el nu a putut crede ce s-a întâmplat. I-a făcut analizele de sânge și l-a scanat de două ori și a fost forțat să recunoască că tatăl meu a fost vindecat și a spus că ficatul lui era curat, la fel ca la un nou născut. El a întrebat-o pe mama ce i-a dat, întrebând ce i-a dat tatălui meu să bea sau ce medicament i-a dat; mama mea tocmai a spus: *"A lui Dumnezeu să fie slava pentru că El a răspuns rugăciunilor mele"*. Doctorul a trebuit să admită că a avut loc o minune și, chiar în acel moment, și-a predat viața lui Isus. Vindecarea tatălui meu a fost o mărturie care s-a răspândit în tot orașul nostru ca focul, dând speranță altora.

Asistând la rugăciunea mamei mele și la vindecarea tatălui meu mi-a întărit convingerea că Dumnezeu căuta să fie real pentru poporul Său. În acest timp, o familie de creștini s-a mutat în zona noastră și imediat au început să adune toți copiii în casa lor. Doamna care a condus această adunare se numea Lidia, și ea învăța cântece despre Isus și oferea lecții despre cum să ne rugăm. Era o femeie tânără și foarte frumoasă. Îmi amintesc de părul ei lung, creț, negru și ochii ei căprui. Era atât de umilă, încât îi puteai vedea clar dragostea pentru Dumnezeu prin dedicarea ei de a lucra cu copiii, de a le îndruma pașii spre Împărăția lui Dumnezeu.

Când i-am spus mamei mele despre asta, am fost foarte fericită că a fost de acord să mă lase să merg în fiecare luni la ea acasă. În mintea mea, am fost încântată pentru că eu credeam că Lidia m-ar putea ajuta să-L găsesc pe Dumnezeu și să vorbesc cu El.

Abia așteptam în fiecare săptămână să vină ziua de luni ca să pot merge la studiu biblic. Credeam în fiecare cuvânt care îl rostea Lidia: atât de mult, încât atunci când întâlnirea se termina, întrebam dacă puteam sta mai mult pentru a auzi mai multe despre Dumnezeu. Lidia era întotdeauna de acord. Cred că putea vedea foamea pe care o aveam. De multe ori am întrebat-o pe Lidia dacă puteam studia mai mult de o dată pe săptămână, deoarece îmi dădusem seama că, cu cât învățam mai mult despre Dumnezeu din Biblie, cu atât înțelegeam mai mult cum ne vorbește El nouă credincioșilor.

Pe măsură ce săptămânile treceau, am început să am încredere în Lidia pentru a-i mărturisi visul meu recurent și dorința profundă pe care o aveam de a-L a găsi și de a vorbi cu Dumnezeu. Lidia m-a ascultat cu atenție și mi-a spus că sunt un copil special și că nu trebuie să mă îndepărtez de Dumnezeu pentru că El avea planuri mari pentru mine. Ea mi-a spus că, pentru a îndeplini planurile pe care Dumnezeu le avea pentru mine, trebuia să trăiesc așa cum ni se spune în Biblie.

La câteva săptămâni după începerea studiul nostru biblic, Lidia ne-a dat tuturor un test cu întrebări și versete din Biblie, din lecțiile pe care ea ni le-a predat. Mi-a corectat toate întrebările și mi-a acordat un premiu special; o Biblie cu ilustrații pentru copii. Îmi amintesc că mi-a spus: "Uite! Acum ai această Biblie pentru a înțelege mai bine. Pe măsură ce o citești, Dumnezeu va vorbi prin ea; dar când vei crește, vei citi această Biblie pe care ți-o voi da acum." Mi-a dat o Biblie exact ca a ei. Apoi m-a întrebat dacă vreau să merg cu ea duminică la biserică. I-am spus că o voi întreba pe mama și m-am dus acasă, mulțumită cu ambele mele Biblii.

Când am ajuns acasă, I-am spus mamei ce s-a întâmplat și i-am arătat noile mele Biblii. Ea a fost de acord să merg la biserică cu Lidia. Am fost foarte fericită și așteptam cu nerăbdare să vină ziua de Duminică.

S-a dovedit că Lidia mergea la biserică de două ori duminica, o dată dimineața și din nou seara. În acea duminică dimineață, mi-a făcut cunoștință cu femeia care avea grijă de copiii din Biserică. Lidia mi-a spus că foarte curând va trebui să se mute într-un alt oraș și a vrut să-i promit că voi continua să merg la biserică tot timpul și să continui să-l caut pe Dumnezeu. Aveam doar 12 ani atunci când Lidia a plecat din orașul nostru. După ce a plecat, așa cum i-am promis, am continuat să merg la aceeași biserică.

Eram hotărâtă să merg la biserică, dar lucrurile acasă nu erau ușoare. Tatăl meu a devenit din nou foarte bolnav și a fost diagnosticat cu cancer la stomac. A fost un șoc pentru întreaga familie. Din păcate a murit la scurt timp după aceea, pe 12 septembrie 1993. Ultimele trei luni ale vieții sale au fost foarte dificile pentru noi toți, văzându-l suferind și văzând-o pe mama noastră supărată; vedeam de asemenea că încerca să ascundă durerea pentru a ne proteja. Tatăl meu era trist că nu va avea șansa să mă vadă absolvind școala și acesta a fost momentul în care mi-am promis că nu voi renunța la școală în nici o circumstanță, chiar dacă vor apărea dificultăți.

După ce tatăl meu a murit, mamei i-a fost foarte greu să continue să-mi plătească cazarea la școală, deoarece eram într-un alt oraș numit Hunedoara și aveam nevoie de cazare de luni până vineri.

Am fost forțată să renunț la școală timp de un an, deoarece pensia tatălui meu a fost întreruptă și trebuia recalculată pentru mama și pentru mine. Mama spunea mereu că *Dumnezeu va găsi o cale*; ea știa că Dumnezeu va trimite pe cineva să ne ajute. Într-adevăr, Dumnezeu a trimis oameni de multe ori, inclusiv pe frații mei mai mari care soseau acasă cu mâncare. Mai târziu, mama mea a găsit să facă curăţenie şi să calce la câţiva dintre prietenii ei. Dumnezeu a fost bun cu noi; El a găsit o cale. Pot spune că nu a existat nici măcar o singură zi în care să nu avem ceva de mâncare.

În ciuda vremurilor grele, m-am ţinut de cuvânt faţă de Lidia şi am mers la biserică în fiecare săptămână. La vârsta de 16 ani, pe 4 martie 1995, mi-am predat viaţa Domnului. Doamne! Eram atât de fericită! Pregătirile pentru botezul meu în biserică au început şi m-au învăţat totul despre ce înseamnă să fii botezată şi despre faptul că voi fi botezată în apă. Botezul meu a avut loc în ziua de Rusalii şi după această experienţă am intrat într-o relaţie şi mai profundă cu Domnul Isus şi cu familia bisericii mele. Din acel moment, de fiecare dată când uşa bisericii era deschisă, eram acolo să aud mai multe despre Dumnezeu, participând la toate întâlnirile disponibile pentru tineri şi ajutând la evanghelizarea satelor din jur. Eram practic implicată în biserică în fiecare zi.

Capitolul Doi

BĂTĂLIA MINȚII

După ce m-am botezat, m-am mutat la o școală într-un alt oraș, unde locuiam în timpul săptămânii și mă întorceam acasă la sfârșit de săptămână. Din păcate, nu mai puteam merge zilnic la biserică; în schimb, a trebuit să aștept până când m-am întors acasă pentru slujbele de Duminică. Am căutat în orașul în care stăteam în timpul săptămânii, dar nu am putut găsi o biserică în apropiere și nu existau creștini unde stăteam. Foarte încet, după ce m-am mutat, am observat că tinerii din biserica noastră nu mi-au mai povestit despre misiunile de evanghelizare și nu m-au luat cu ei în satele pe care le vizitasem cu ei. M-am simțit dată deoparte. După aceasta, am încetat să merg la biserică duminică și, în timp, rareori mă duceam acasă la sfârșit de săptămână.

Cum stăteam la școală de cele mai multe ori, am găsit un loc de muncă în oraș și mă duceam acasă doar o dată pe lună. Chiar și atunci când mă duceam acasă, dorința de a participa la biserică sau de a fi implicată cu oamenii la Biserică s-a diminuat din ce în ce mai mult. Am ales în schimb să petrec timp cu prietenii mei necreștini. Mama mea a început să fie profund îngrijorată pentru mine; știa că o companie proastă va duce la rezultate proaste. De fiecare dată când plecam de acasă, ea se ruga pentru mine și mă încredința în mâinile Domnului.

M-am întors la școală după un an, într-un alt oraș numit Petroșani, dar încă vedeam diferențe între mine și ceilalți elevi. Acest lucru mi-a dat mai multă dorință să merg mai departe și mă gândeam să termin școala și să mă angajez pentru a o putea ajuta pe mama. Datorită rezultatelor mele bune la școală, am fost aleasă pentru un alt nivel fără examene și mi s-a oferit șansa de a studia încă doi ani pentru o diplomă de funcționar.

Am vrut să-mi continui studiile, dar am fost preocupată de plata costurilor pentru încă doi ani. Mama încă nu avea destui bani din pensia tatei ca să mă ajute. Am început școala și m-am angajat cu jumătate de normă în oraș ca chelneriță.

Nu puteam plăti cazarea, deoarece trebuia să aștept o lună întreagă pentru a fi plătită de la noul meu loc de muncă. Doar ca să am unde să dorm, m-am strecurat în camera colegilor mei și m-am ascuns acolo în timpul nopții timp de aproape trei săptămâni. Dar administratorul a aflat în cele din urmă și mi-a spus să plec!

Acest lucru a însemnat că nu am putut termina școala pentru a obține o diplomă de funcționar, deoarece nu aveam unde să stau. Așa că m-am întors acasă și am găsit un loc de muncă ca vânzătoare. Cu toate acestea, chiar și cu venitul meu suplimentar nu ne-am putut permite să plătim electricitatea, iar aceasta ne-a fost întreruptă și a rămas așa timp de peste un an: da, timp de peste un an am rămas în întuneric! Lumina aduce o nouă conștientizare asupra împrejurimilor noastre, în timp ce întunericul ascunde ceea ce se poate întâmpla în jurul nostru. Lucrurile au fost foarte dificile pentru că atunci când soarele apunea nu puteam vedea nimic. Din această cauză, vizitam bisericile ortodoxe locale, cerându-le resturile de lumânări arse. Așa am supraviețuit fără electricitate până când eu și fratele meu am economisit destui bani pentru a plăti factura și pentru a o reconecta.

În această perioadă de întuneric și lipsă, Dumnezeu a creat în interiorul meu o dorință profundă de a ajuta oamenii defavorizați; de a mă asigura că alții au energie electrică și sunt capabili să meargă la școală.

Din cauza lipsei din viața noastră și din cauza respingerii, încă nu mergeam la biserică. Nu-mi plăcea să fiu dată la o parte, să fiu uitată de ceilalți tineri. Nu știam că gândurile pe care le aveam erau de la cel rău pentru ca să mă doboare. Nu mă puteam gândi decât la faptul că tinerii s-au îndepărtat de mine, că nu puteam ține pasul cu cele mai recente stiluri, deoarece eram săraci, că nu aparțineam acelei lumi; dar acestea erau gânduri de la diavolul pentru a mă face să mă îndepărtez de biserică.

Am început să mă simt atât de diferită și goală. Ori de câte ori plănuiam să merg la biserică, mă răzgândeam și mă abțineam de la a merge, deoarece vina mă copleșea pentru că nu mai fusesem la biserică de mult timp. Mi-am imaginat că mi-ar fi rușine să intru, deoarece se vor uita la mine și se vor gândi, *"Uite că vine rătăcita".*

O luptă constantă avea loc aproape în fiecare duminică între diavol și mine: *"De ce te duci acolo? Nu vezi cât de patetică ești! Nu ai voie să mergi acolo; nu meriți să fii cu ei, ești terminată, ești pierdută, Dumnezeu te-a iertat o dată și nu te va ierta pentru că te-ai îndepărtat de El. La un an* La un an după ce am început noua mea școală, câțiva tineri creștini au început să frecventeze. Inima mea a tresăltat de bucurie, deoarece acum erau și alții ca mine în cazare.

Într-o zi, i-am auzit pe noii elevi vorbind cu alții din școală despre mersul la biserică. Tinerii le-au răspuns spunând, *"De ce trebuie să mergem la biserică dacă nu putem sta prin credință și să urmăm ceea ce spune Biblia, deoarece atunci va fi și mai rău pentru noi! Este mai bine pentru noi așa cum suntem."* Auzind cuvintele lor, am fost și mai convinsă că eram pierdută pentru totdeauna. Dintr-o dată, m-am gândit la versete biblice pe care mama mea mă ajutase să le învăț despre Dumnezeu care ignoră vremurile de neștiință ale oamenilor. Am fost și mai speriată. M-am gândit... *"Știam despre Dumnezeu; dar totuși L-am părăsit și acum nu mă iartă. Am avut salvarea și am pierdut-o."* Gândind la acest fel de gânduri este modul în care am suferit următorii 20 de ani.

Privind înapoi acum, înțeleg că ceea ce mi s-a întâmplat se compară cu pilda semănătorului despre care a vorbit Isus. Aveam o sămânță care era credința. Mi-a plăcut, dar dacă eu nu mergeam la biserică și nu ascultam Cuvântul lui Dumnezeu și nu am avut pe nimeni care să mă încurajeze și să mă învețe, atunci nu am avut pe nimeni care să ude sămânța sufletului meu. Soarele a venit și a uscat planta. Acum, înțeleg că satana m-a îndepărtat de biserică prin școală și m-a lăsat fără compania altor creștini care mă puteau învăța despre Dumnezeu. Chiar dacă creștinii au venit la școală, el deja îmi otrăvise mintea cu minciuni, convingându-mă că Dumnezeu nu mă va ierta. Și încetul cu încetul, eram legată cu lanțuri din care nu mă puteam elibera. Slavă Domnului că satana nu mi-a putut lua credința!

Am început să meditez la cuvântul lui Dumnezeu. În timp ce meditam la pilda semănătorului (Matei 13:1-29), Dumnezeu mi-a dezvăluit ceea ce mi se întâmplase în tot acest timp. Credința care era în mine semăna cu o sămânță care este în pământ, dar nu a fost udată de mult timp.

Mi-am dat seama că credința mea era ca o sămânță care dorea să crească, să iasă din pământ și să dea roade; dar era prea slabă, deoarece nu era udată. Aceasta însemna că aveam credință; dar pentru că nu m-am dus la biserică din cauza celui rău care mi-a plantat gânduri negative în minte; m-a separat de sursa de unde puteam auzi Cuvântul Domnului.

Era ca și cum credința mea era o sămânță mică. Când lăstarii au ieșit din pământ, erau buruieni care nu aveau nevoie de multă apă pentru a crește și au acoperit pământul, ceea ce a făcut dificilă ieșirea plantei. Astfel, satana mi-a umplut mintea de gânduri, m-a ținut în robie și m-a împiedicat să mă pot bucura de viața mea de creștină.

Îmi amintesc că la acea vreme aveam o idee că, dacă aș avea un partener creștin sau un soț, acesta mă putea ajuta în această umblare Creștină. În mintea mea am văzut această persoană care va veni și va curăța pământul de buruienile care crescuseră și îl va elibera pentru ca planta să poată încolți și să se bucure de soare și ploaie.

Dar Dumnezeu mi-a vorbit și m-a eliberat din lanțurile celui rău și mi-a dat un nou început. Atunci mi-am dat seama că singurul care mă putea elibera era Isus Hristos. Nimeni altcineva nu ne poate ierta. Nu putem fi eliberați decât prin Isus. Prin Harul lui Dumnezeu, am înțeles atunci sensul lui Ioan 3:16. A căpătat cu adevărat un sens în viața mea... *"Fiindcă atât de mult a iubit Dumnezeu lumea, că a dat pe singurul Lui Fiu, pentru ca oricine crede în El să nu piară, ci să aibă viața veșnică."* și versetul din Ioan 14:6 în care Isus spune, *„Eu sunt Calea, Adevărul și Viața. Nimeni nu vine la Tatăl decât prin Mine."*

Capitolul Trei

TRĂIND PRIN DESCURAJARE

La vârsta de 20 de ani, m-am căsătorit cu un bărbat care era și el creștin. În timpul căsătoriei noastre, am întâmpinat o mulțime de probleme, mai ales când am descoperit că nu pot avea copii. A fost o perioadă atât de devastatoare în care am pierdut cinci sarcini. Mi-am dorit din toată inima să am un copil și de fiecare dată când eram în public și vedeam un copil sau întâlneam o femeie însărcinată, începeam să plâng, întrebându-l pe Dumnezeu: "De ce? De ce nu pot avea un copil?" În mintea mea, voci au venit din nou, spunându-mi că Dumnezeu mă pedepsește pentru că l-am părăsit; așa că m-am conformat ideii și am acceptat că o merit.

Simțeam ca și cum inima îmi sângera și îi ceream lui Dumnezeu să mă lase să mor pentru că nu puteam face față la atât de multă durere. Apoi, gândurile veneau... *"Ar fi mai bine să te sinucizi pentru că nu mai ai sens pe pământ: nu poți avea copii, soțul tău nu te mai iubește, nu are rost să trăiești, nu ești bună la nimic."*

Am fost de multe ori la un pas de a-mi lua propria viață; dar de fiecare dată când am încercat, cuvintele mamei mele îmi sunau în minte. Ea spunea de multe ori că viața este dată de Dumnezeu și cei își iau viața, merg direct în iad. Amintirea acestor cuvinte m-a speriat întotdeauna.

Mama m-a învățat că atunci când trecem prin încercări și necazuri, Dumnezeu este cu noi și el permite toate acestea spre binele nostru.

Ea spunea adesea o poveste despre aurul luat dintr-o mină; cum trebuie să treacă prin multe procese de curățare până când începe să strălucească, apoi poate fi folosit pentru bijuterii. Mi-a fost ușor să-mi imaginez acest proces, deoarece tatăl meu era miner și ne-a spus multe despre munca sa. Mi-a spus că, pe măsură ce aurul trece prin foc, este suficient de puternic pentru a nu se topi. Numai impuritățile din el ard. Acest lucru se întâmplă de multe ori până când aurul ajunge la culoarea sa naturală și strălucește.

Informațiile greșite ne vor duce întotdeauna într-o locație greșită în viață sau în înțelegere. Sunt folosite de satana pentru a crea confuzie, făcându-ne să credem că tot ceea ce trecem este o pedeapsă de la Dumnezeu pentru a ne curăța de păcat; dar slava este a Domnului pentru că trebuie să înțelegem că prin Harul Său suntem mântuiți. Cu ajutorul pastorului care m-a învățat cuvântul Domnului în studiul nostru biblic, am fost încurajată de Romani 8:28, care spune *"De altă parte, știm că toate lucrurile lucrează împreună spre binele celor ce iubesc pe Dumnezeu..."*

De atunci am înțeles că problemele și necazurile sunt de fapt teste ale credinței; și sunt concepute pentru a ne ajuta să creștem în umblarea și înțelegerea noastră despre Dumnezeu. Cel mai important, în nici un fel nu sunt o pedeapsă de la Dumnezeu. Necazurile și bolile sunt de la cel rău care vrea să-i arate Domnului că nu-l iubim. Dar Dumnezeu permite ca acestea să fie o încercare a credinței noastre și, prin depășirea lor, satana este dat de rușine. Cu fiecare test trecut, Dumnezeu este mândru de noi și ne promovează la un alt nivel în viața noastră creștină.

După 10 ani de căsătorie, eu și soțul meu ne-am despărțit. Mai târziu un alt bărbat a aflat de problemele mele pe care le păstram pentru mine. Când i-am spus că nu mai am voința de a merge mai departe în viață; că doream să mor pentru a scăpa de durerea interioară; el mi-a spus să nu mă mai gândesc la asta și a început să-mi povestească despre cum el și mama lui au trecut, de asemenea, prin aceste serii de probleme, dar nu a auzit-o niciodată pe mama lui vorbind despre astfel de gânduri.

Treptat, am intrat într-o relație cu el, iar părinții lui au început să mă iubească ca și cum aș fi fost fiica lor. Eram foarte fericită. Mi-am recăpătat încrederea în viața mea. Am văzut că în cele din urmă cineva mă iubea, iar acum singurul lucru care îmi aducea neliniște era separarea mea de Dumnezeu. Întotdeauna am simțit un regret profund în sufletul meu din momentul în care m-am îndepărtat de biserică și de Dumnezeu. Am ținut aceste sentimente în mine; nu am avut curajul să le împărtășesc cu nimeni. Uneori, când eram singură acasă, ascultam cântece creștine pe internet și predicarea Cuvântului. Sfârșeam plângând fără să mă pot opri, ore întregi. Nu am putut vorbi cu partenerul meu despre asta pentru că nu știam ce gândește.

Într-o zi, partenerul meu a început să vorbească despre Dumnezeu. Acest lucru mi-a dat din nou speranță în inima mea că va deveni creștin. Uneori l-am întrebat: *"Nu vrei să devii creștin?"* El îmi spunea că el era Creștin deoarece el credea în Dumnezeu. Nu am avut curajul să-i spun că nu era suficient.

Satul nostru era situat în apropierea graniței Româno-Ungare. Din acest motiv, singura biserică care era în satul nostru era Biserica Catolică și vorbeau limba maghiară. Am aflat că lângă satul nostru s-a deschis o biserică penticostală în care se vorbea limba română. I-am cerut partenerului meu să mergem, dar nu a vrut. Cu toate acestea, s-a oferit să mă ducă și să mă lase acolo, întorcându-se să mă ia după aceea. Eram mulțumită de acest lucru, dar ori de câte ori era timpul să merg la biserică, se întâmpla întotdeauna ceva, cum ar fi că mașina se strica sau avea altceva de făcut. Uneori, el pur și simplu nu mă ducea.

Prin urmare, în timp, mi-am pierdut speranța că voi mai avea o șansă înaintea Domnului prin partenerul meu. Ultima mea speranță a fost că știam că sunt o femeie cu un suflet bun. Prin urmare, am sperat că Dumnezeu va fi milostiv cu mine și mă va ierta din nou și voi încerca să trăiesc o viață bună, să iubesc oamenii, să-i respect pe ei și pe partenerul meu.

Nu am vrut ca creștinii să facă aceleași greșeli ca și mine: să accepte minciunile diavolului, să părăsească biserica etc. Dar din nou, această voce mi-a venit în minte și mi-a spus, *"Cum poți vorbi despre Dumnezeu când nu ești vrednică să porți titlul de creștin? Oamenii vor râde de tine."* Hotărând să ignor aceste voci, am început să le spun oamenilor despre Dumnezeu. Dar apoi s-a întâmplat... răspunsul lor... *"Cum poți vorbi? Uită-te la tine, încă mai ai curajul să vorbești despre Dumnezeu când l-ai respins."* Adesea mă criticau chiar și familia, adesea cuvintele lor îmi stârneau durerea din suflet, spunându-mi că merit să merg în iad pentru că l-am respins pe Isus; că l-am răstignit a doua oară. Am pierdut orice speranță de mântuire. Mă vedeam deja în iad.

După aproape cinci ani de relație, problemele au început. Am pierdut două sarcini și sănătatea mea s-a deteriorat și în acești ultimi doi ani, am fost în spital mai mult decât am fost acasă. Am început să am probleme la locul de muncă din această cauză și, din cauza absențelor mele, nu mi-a mai fost prelungit contractul de muncă. Dar mai presus de asta, cel mai dificil lucru a fost ceea ce am văzut în ochii partenerului meu; tristețe, pentru că își dorea cu disperare un copil. Toți prietenii lui aveau copii și pentru că nu puteam duce o sarcină până la sfârșit, acest lucru a creat un gol în relația noastră. Odată cu începerea problemelor financiare, relația a trecut de la rău la mai rău. Era ceartă după ceartă până ne-am despărțit. S-a terminat o altă relație și se apropia Crăciunul.

Sărbătoarea specială a Crăciunului era acumla ușa mea, sărbătoare la care toată lumea vrea să fie cu familia. Cu toate acestea, eram aici, singură în casă; plângând din cauza unei alte relații eșuate. Din nou, acea voce mi-a spus: *"Ce mai aștepți? De ce nu te sinucizi? Nu vezi că nu are rost să trăiești pe acest pământ? Nu poți face copii; nu ești bună la nimic, nu poți avea pe nimeni lângă tine".*

În același timp, mi-am amintit de vocea mamei mele care mi-a spus că cei care se sinucid nu vor merge la cer. În acea noapte, l-am rugat pe Domnul să mă ajute să mor în somn. Dar dimineața următoare, m-am trezit și am plâns de dezamăgire. Nu am înțeles de ce Dumnezeu nu m-a ajutat pentru că voiam să mor, dar fără să mă sinucid. Am încetat să mănânc și să beau, știind că corpul meu nu va rezista prea mult și voi muri.

O săptămână mai târziu, partenerul meu a venit să vadă ce făceam. Am sperat că se va întoarce la mine, chiar l-am rugat să se întoarcă, dar mi-a spus că nu mă vrea. El a venit pur și simplu să se asigure că sunt bine și apoi a plecat din nou. După ce a ieșit, am fost din nou singură în casă și am început să plâng. Mă simțeam atât de slăbită, încât simțeam că mor. Mi s-a făcut atât de rău, încât am căzut jos, incapabilă să mă mișc. Nu puteam vorbi și respiram din ce în ce mai greu. După un timp, m-am uitat în sus și l-am văzut pe partenerul meu intrând în casă, speriat. M-a întrebat cu disperare dacă am luat vreun medicament? L-am auzit, dar nu am putut răspunde și m-a dus repede la spital.

După o investigație completă, medicul și-a dat seama că nu consumasem alimente sau lichide de mult timp. Mi-a spus că dacă aș fi rămas în această stare mai mult, nu ar fi putut să mă ajute. Eram pe perfuzii, nu mă puteam mișca, nu puteam vorbi. Auzeam despre ce vorbeau și nu mă puteam opri din lacrimi. Dintr-o dată nu am mai putut deschide ochii și nu i-am mai putut auzi, ci doar o voce blândă care mă întreba: *"De ce vrei să te sinucizi?"*

I-am răspuns: *"Nu mai are rost să trăiesc. Nu pot avea copii și nimeni nu mă iubește, nu mai am părinți care sa ma iubeasca și nu sunt iubită de nimeni."*

Apoi acea voce mi-a spus: *"Dar Eu te iubesc cu o iubire veșnică. Chiar Mi-am dat viața pentru tine, ca să fii salvată."* Atunci mi-am dat seama că era vocea lui Isus. I-am spus; *"Doamne, mă mai iubești după toți acești ani când am fost departe de tine? Poți să mă ierți din nou?"*

Și vocea mi-a spus: *"Te iubesc de când ai fost concepută în pântecele mamei tale și am un plan pentru viața ta. Chiar dacă m-ai părăsit, eu nu te-am părăsit niciodată. Te iubesc cu o iubire veșnică și nimic nu-mi poate lua dragostea Mea de la tine."*

Am început să plâng și am spus: *"Doamne, dacă încă mă iubești și încă mă poți ierta, îți promit, nu Te voi dezamăgi niciodată și Te voi iubi până la moarte și voi trăi doar pentru Tine. Te voi face mândru de mine și nu voi lăsa nimic să mă despartă de Tine."*

Când am deschis ochii, am fost atât de fericită. M-am oprit din plâns. Am avut acea pace în sufletul meu pe care numai Isus o poate da. Am avut din nou putere în corpul meu; m-am simțit bine și am spus că vreau să merg acasă. Doctorul a spus că nu trebuie să stau singură și să mă asigur că mănânc. Când am ajuns acasă, partenerul meu a vrut să rămână cu mine, dar i-am spus că nu era necesar pentru că mă simțeam bine și i-am spus să plece pentru că abia așteptam să fiu singură, ca să pot vorbi din nou cu Dumnezeu.

A fost o zi plină de bucurie în viața mea. M-am simțit total eliberată, lanțurile au fost rupte. A fost ca și cum Isus a venit și a curățat buruienile din grădina mea pentru a permite plantei să răsară! Acum sămânța era liberă să crească și să se bucure de ploaie și soare. Aceasta este exact ceea ce a făcut Isus pentru mine. A venit la mine, mi-a vorbit și m-a eliberat din lanțurile satanei. Îmi era sete după Cuvântul lui Dumnezeu.

Am început să mă gândesc la ce puteam face pentru Dumnezeu.

Aveam tot felul de idei în minte, dar nu știam exact ce să fac. M-am pus în genunchi și am spus: *"Te rog ajută-mă și fă-mă să înțeleg cum pot lucra pentru Tine. Vreau să Te răsplătesc pentru tot ce ai făcut pentru mine. Te rog ajută-mă și învață-mă ce trebuie să fac, în așa fel încât să nu mă depărtez de lângă Tine."*

Am adormit la primele ore ale dimineții, iar când m-am trezit, am fost fericită și i-am mulțumit Domnului că mi-a dat un nou scop în viața mea, de a-L sluji. Ascultam cânece creștine și acum, după mult timp, puteam să cânt și să plâng de bucurie că am fost iertată din nou. Am scris versurile cântecelor care mi-au atins sufletul și am simțit că Dumnezeu îmi vorbește. Ascultasem mai multe predici și cu fiecare cuvânt simțeam că Dumnezeu îmi vorbea. Visul meu de a vorbi cu Dumnezeu a devenit realitate.

În mijlocul cântării mele, a sunat telefonul. Era un prietenă creștină din Dublin. Ea a spus că Dumnezeu i-a spus că trebuie să lucrez pentru El în Irlanda. El avea un plan pentru viața mea și că partenerul meu actual nu făcea parte din el. Mi-a spus să nu plâng după el, deoarece Dumnezeu îmi va da un soț creștin care să mă iubească. Eram sigură că Dumnezeu îmi vorbise prin ea, deoarece încă nu spusesem nimănui că mă hotărâsem să lucrez pentru El. Am fost surprinsă că Dumnezeu mi-a răspuns atât de repede la rugăciune.

Cu toate acestea, cel rău nu renunță. Din nou, o voce mi-a spus: *"Ce vei face în Irlanda? Nu știi limba și abia ai început să mergi la un nou loc de muncă. Dacă pleci acum, nu te vor primi înapoi! Dacă nu te înțelegi cu femeia pentru care vei lucra ca bonă și trebuie să te întorci, ce te vei face fără o slujbă?"*

Mai târziu în acea zi frica a intrat din nou în inima mea. Am sunat-o pe prietena mea și i-am spus ce îmi trece prin minte și ea mi-a spus să nu-mi fie frică de nimic, ci să am încredere în Dumnezeu pentru că El va avea grijă de tot. Mi-a spus că familia pentru care urma să lucrez era și ea creștină. Când am auzit acest lucru, inima mi s-a umplut de bucurie, deoarece am crezut că această experiență mă poate ajuta și mă poate învăța să rămân mai aproape de Dumnezeu. Am fost fericită știind că voi trăi cu ei zi de zi, făcând lucrurile mai ușoare pentru mine.

Privind înapoi acum, pot vedea cum Dumnezeu a pus oamenii în jurul meu să mă ajute pe drum. Acum eram planta de la suprafață și mă bucuram de lumină și aveam oameni care aveau grijă de mine pentru a mă ajuta să cresc ca să pot da roade. Dorința de a lucra pentru Dumnezeu a învins din nou și am spus: "Sunt gata, vin!"

Eram sigură că voi merge în Irlanda, dar problema era că nu aveam bani să ajung acolo. Am vorbit cu prietena mea și mi-a spus să merg în satul vecin: mama ei locuia acolo și ea îmi va da banii. Dumnezeu avea plănuit totul!

Capitolul Patru

VORBIND ÎNTR-O LIMBĂ DIFERITĂ

Am plecat de acasă din România în lunile de iarnă călătorind două zile cu autocarul pentru a ajunge în Irlanda. În timpul călătoriei, m-am gândit, sperând și visând la ceea ce mă așteaptă.

Când am ajuns la prietena mea în Dublin, Corina mi-a spus că nici măcar nu cunoștea oamenii pentru care urma să lucrez, dar am fost atât de fericită și încântată să întâlnesc această familie a doua zi. Eram plină de credință că Dumnezeu va avea grijă de mine și m-am uimit în timp ce Corina mi-a explicat că Dumnezeu i-a arătat atât de multe lucruri despre cum avea să mă folosească pentru gloria Sa. Am stat aproape toată noaptea vorbind despre Dumnezeu și am început să-i spun Corinei ce s-a întâmplat cu mine și cum a venit Dumnezeu la mine în spital. I-am explicat despre dorința mea de a trăi *doar* pentru Hristos și să lucrez în Împărăția Lui. Eram sigură că Dumnezeu pregătise deja totul și eram curioasă să văd ce mă aștepta.

În dimineața următoare am plecat din Dublin cu autobuzul pentru a călători spre Killarney, unde urma să lucrez. Chiar am simțit că intru într-o nouă etapă în viața mea, deși am simțit și niște fluturi în stomac. Speram că îmi va plăcea această familie și copiii mă vor plăcea. Corina și cu mine am stat de vorbă liber tot drumul până acolo, am fost atât de recunoscătoare că a putut veni cu mine. După ceva timp, autobuzul a oprit într-o stație. Am respirat adânc, mi-am adunat lucrurile și am coborât treptele uriașe înapoi pe pământul irlandez.

Când am ajuns în zona de așteptare, m-am mirat puțin, am fost atât de fericită să văd pe toată lumea stând chiar în fața mea. Dintr-o dată totul a devenit foarte real, un val de ușurare m-a învăluit. Familia a vorbit cu Corina și au reușit să comunice destul de bine, nu am putut înțelege ce spun ei, deoarece mai aveam nevoie să învăț limba engleză, dar Corina dădea din cap în acord cu ei.

În timp ce ne îndepărtam de stația de autobuz, m-am așezat pe locul meu și m-am gândit: Aceasta este: prima zi de lucru pentru Domnul.

Când am ajuns la casa lor, nu semăna cu casele din satul meu de acasă. Era imensă, cu șase dormitoare, toate cu baie proprie, bucătărie cât casa părinților mei. Pentru mine, cerul a venit pe pământ.

I-au spus Corinei care sunt îndatoririle mele și ce se aștepta de la mine și ea, la rândul ei, a tradus pentru mine. În caz de probleme de traducere sau neînțelegeri, m-am asigurat din timp că am o cartelă SIM care să-mi permită să o sun pe Corina la nevoie.

În timp ce am condus-o cu toții pe Corina înapoi la autogară cu mașina lor mare de familie, împreună cu copiii lor, inima mea era încântată.

În prima noapte, m-am dus la culcare destul de devreme, dar nu am putut dormi de fericire. Îi ceream lui Dumnezeu să-mi dea puterea să fac ceea ce este corect și să nu-L dezamăgesc. De asemenea, îi mulțumeam Domnului pentru că simțeam că acești copii pot umple golul din inima mea de a nu putea să-i am pe ai mei.

În dimineața următoare, m-am trezit devreme și am început activitățile de dimineață înainte ca cei din casă să se trezească. Cei mici se acomodaseră cu mine și mi s-au alăturat în bucătărie. Am simțit căldura cu care am fost primită de această familie și știam că le voi fi pentru totdeauna recunoscătoare.

Cu copiii în bucătărie, am pregătit micul dejun, iar după aceea, părinții lor au plecat. I-am pregătit pe toți pentru școală, apoi a venit un prieten de familie să-i ia. După școală, am fost dusă pentru a mi se arăta unde era școala pentru a-i putea duce eu în dimineața următoare.

În cea de-a doua zi, în timp ce eram în casă, s-a auzit un ciocănit în ușă. Erau niște doamne de la o misiune creștină locală și au încercat să explice lucruri din Biblia lor. Nu am avut nici o idee ce spuneau, deoarece nu prea știam limba engleză. Apoi un prieten de familie a venit să le explice că nu înțeleg limba engleză și că tocmai venisem din România. Doamnele mi-au spus că au surori Românce în biserică și m-au întrebat dacă vreau să mă alătur lor a doua zi la biserică, lucru cu care am fost de acord.

În seara următoare, când am ajuns la biserică, am întâlnit surori românce care erau foarte încântate să mă primească în grupul lor, oferindu-mi chiar și o Biblie în limba română. Abia atunci mi-am dat seama că nu mi-am adus propria Biblie cu mine. M-am simțit foarte bine la biserică, a fost minunat să am în jurul meu oameni care să înțeleagă ce spuneam; dar ceva lipsea, am simțit că nu era locul în care trebuia să fiu.

Înainte de a mă culca în acea noapte, l-am rugat pe Domnul să mă îndrume spre biserica pe care o dorea pentru mine. În dimineața următoare, prietena mea Corina m-a sunat și mi-a spus că Dumnezeu i-a arătat cum arăta biserica din care voia să fac parte. Am fost atât de uimită cum Dumnezeu îmi ascultase rugăciunea și primisem deja un răspuns.

În aceeași dimineață, familia m-a întrebat dacă vreau să merg cu ei sâmbătă la biserica la care ei merg, deoarece era un eveniment important. Am fost fericită să accept invitația și când am intrat în clădire, am simțit căldura cu care m-au primit. Eram într-o biserică locală și simțeam prezența Domnului.

Au luat prânzul împreună în acea zi, cu multe naționalități prezente, dar nu erau români. M-am gândit că voi mânca mai târziu, ca să nu trebuiască să vorbesc cu nimeni. Mai târziu, m-am așezat la o masă și am observat un bărbat mai în vârstă care stătea la masă în fața mea. Mi-a zâmbit și m-a întrebat cum sunt și din ce țară sunt. M-am blocat, nu știam ce să spun și în mintea mea, m-am rugat și am spus: *"Doamne acum ce fac? Cum vorbesc cu acest om? Acum mai mult ca niciodată am nevoie de Tine."*

Speram că Dumnezeu va face ca omul să fie chemat, ca să nu mă fac de rușine încercând să vorbesc și să-l înțeleg. Dar Dumnezeu a intervenit în felul său, a Domnului să fie Slava!

Dintr-o dată, am simțit că o căldură ca un foc a intrat în mine din cap până-n picioare și înapoi. Tremuram toată! Doar atunci când această putere a trecut prin mine, am simțit ca am niște căști în urechi, și această voce mi-a spus ce omul m-a întrebat. În același timp, mă vedeam vorbind cu el, fluent în engleză, nu numai că îi răspundeam la întrebare, dar îi povesteam întreaga mea poveste: cum m-a chemat Dumnezeu în Irlanda; și că credeam în minuni pentru că tatăl meu fusese vindecat de cancer.

Tremuram și plângeam și am strigat la om, "Uite eu pot vorbi limba engleză, înțeleg tot ce spui, cum este posibil asta?" Nu știam limba engleză până acum, nu vorbeam limba engleză în România. Eram în Irlanda doar de cinci zile, cum este posibil? Plângeam de fericire și acel om, de asemenea, uimit de povestea mea și el i-a mulțumit Domnului că i-a permis să vadă această lucrare și credința pe care a văzut-o în mine. Mi-a spus să-mi notez numărul de telefon în caz că am nevoie de ceva și să nu ezit să-l sun.

După pauză, ne-am întors la biserică și am fost uimită pentru că am înțeles întreaga predică în engleză. Nu am înțeles cu adevărat ce mi se întâmpla. Mi-am dat seama că Dumnezeu făcuse o minune cu mine și puteam înțelege o limbă pe care nu o puteam înțelege înainte. Când le-am spus familiei cu care stau, nu le-a venit să creadă; la urma urmei, a fost un șoc și pentru mine. Chiar dacă eram fericită în biserică, pe plan intern am simțit că nu era încă locul potrivit pentru mine.

Deoarece am fost implicată anterior într-o biserică penticostală, am întrebat unii oameni care am ajuns să-i cunosc dacă știau de vreo biserică penticostală în oraș. Ei mi-au sugerat să-l sun pe omul cu care vorbisem în Biserică, deoarece aparținea unei biserici penticostale și el putea aranja să merg la biserica sa.

Duminica următoare, el a venit să mă ia la 10.30 am pentru slujba de la 11am. Când am intrat în biserică, am văzut imediat că arăt diferit, toată lumea se cunoștea și eu nu știam pe nimeni. M-am speriat! Mă gândeam să plec. În mintea mea vocile s-au întors; *"Ce faci aici? Nu vezi că locul tău nu e aici? Chiar dacă înțelegi limba, ești încă diferită."*

Am vrut să plec, dar pentru că nu știam cum să mă întorc acasă, a trebuit să rămân până la terminarea slujbei. Când a început slujba, am uitat cu totul de plecare și am început să mă bucur de timpul petrecut acolo. Apoi, omul pe care l-am întâlnit în biserica anterioară, a urcat în față și a început să împărtășească despre întâlnirea sa cu mine de sâmbătă. Atunci mi-am dat seama că era de fapt pastor în acea biserică. El a explicat cum a auzit vocea Domnului vineri seara, chemându-l să meargă sâmbătă la evenimentul din biserica locală. El nu a înțeles de ce Domnul i-a cerut să meargă deoarece fusese membru înainte, dar Domnul l-a chemat de acolo pentru a fi pastor într-o biserică penticostală. Știa că nu era bine primit în acea biserică, dar s-a bucurat că a ascultat de cuvântul Domnului și a avut șansa să mă întâlnească.

M-a chemat în fața tuturor și mi-a spus să spun bisericii ceea ce i-am spus în biserică cu o zi în urmă. Am fost din nou uimită de cât de bine puteam vorbi engleza, am înțeles tot. Am simțit din nou că Dumnezeu mi-a vorbit din nou prin fiecare cuvânt al predicii.

Când biserica s-a terminat, toți oamenii au venit și m-au îmbrățișat, mulțumindu-mi că am venit la biserică. Am fost mișcată până la lacrimi simțind căldura și dragostea cu care m-au primit în mijlocul lor. Nu părea să conteze ce naționalitate aveam; am văzut că ei îl iubeau pe Dumnezeu și că Dumnezeu îmi dădea o nouă familie.

Dintr-o dată am simțit ca și cum un văl mi-a fost luat de pe ochii mei, și am fost uimită că biserica era exact așa cum Corina a descris-o. Era o biserică mică, pătrată, cu covor roșu în față și albastru, care ducea spre -violet unde erau scaunele. Am fost uimită de potrivirea exactă din descrierea pe care ea mi-a dat-o. Am spus în mintea mea: *satana nu va putea să mă mintă acum și nu mă interesează ce vrea să-mi spună, nu mă voi mișca de aici. Acum sunt convinsă că Dumnezeu vrea să fiu în această biserică și chiar dacă îmi spune că nu sunt ca ei, nu mă interesează. Dumnezeu mi-a dat o nouă familie, noi frați și surori care îmi arată dragostea de care aveam nevoie.*

Am fost atât de uimită cum Dumnezeu a pregătit totul în detaliu, tot ce aveam nevoie. Pastorul a venit și mi-a spus că este gata să plece acasă și dacă voiam ca el să vină în fiecare zi să mă ducă la și de la biserică, nu trebuia să-mi fac griji, pentru că Domnul i-a spus să mă considere responsabilitatea lui; deoarece toți cei patru pastori iau refugiați din pensiunile lor, din cauza faptului că biserica nu avea un microbuz.

Capitolul Cinci

ORICE VEI CERE

Zilele au trecut atât de repede în noua mea viață. Diminețile erau atât de ocupate cu toată lumea pregătindu-se pentru muncă și școală. În timp ce erau plecați, făceam curățenie în casă și găteam mâncare pentru a fi gata pentru masa de seară. Am învățat foarte repede că este mai bine să gătesc mâncarea pentru a-i surprinde când ajungeau acasă de la serviciu, astfel mâncarea era caldă gata de a fi mâncată după o zi aglomerată pe care cu siguranță au avut-o fiecare. Prima mea chemare ca și creștin a fost să slujesc și, în acest sens, am vrut să-i ajut să se relaxeze, să nu fie nevoiți să facă nimic acasă, doar să se relaxeze, pentru a le face viața mai ușoară.

Așa cum s-a convenit, de la 6 p.m. vineri seara până duminică seara, eram liberă să-mi ocup timpul cu Domnul. Am simțit prezența Domnului în fiecare moment în casă, de când mă trezeam. Am vorbit cu El ca și cum ar fi fost o persoană lângă mine. Am putut vedea modul minunat în care a organizat totul pentru mine și așteptam cu mare nerăbdare în inima mea ce se va întâmpla cu mine, știind că mă va uimi în fiecare zi. Îmi amintesc că într-o zi I-am vorbit despre haine - pentru că nu aveam multe, mai ales rochii. Era iarnă și am promis că voi da înapoi Corinei, care mi-a dat 100 de euro pentru transport, din salariul din prima săptămână, iar apoi, în a doua săptămână, îmi voi cumpăra haine.

Într-o zi, în timp ce călcam hainele copiilor și ascultam cântece creștine, i-am spus lui Dumnezeu că Îl iubesc și că voi face orice îmi cerea să fac. Apoi am auzit o voce spunându-mi, *"Vreau casa ta cu tot ce ai în ea pentru că vreau să o dau cuiva."* Am fost șocată și nu am acordat atenție, dar timp de trei zile aceeași voce a continuat să se repete. Am bănuit că Dumnezeu mi-a cerut asta, dar nu eram sigură. M-am rugat și am spus: *"Doamne, dacă îmi ceri asta, dă-mi un semn sau ajută-mă să înțeleg care este voia Ta."* Nu am primit niciun semn, dar în schimb, am simțit că în mintea mea era o luptă care devenea din ce în ce mai puternică.

Vocile s-au întors la mine spunând: *"Dacă îți dai casa cu totul în ea, ce va spune toată lumea? Familia ta va spune că ești nebună. Ai muncit atât de mult ca să-ți iei casa, iar acum când o ai, o dai? Ai uitat că a fost dorința ta de a o renova, pentru a avea confort."*

O altă voce mi-a spus: *"Crede-mă, sunt tot ce ai nevoie și îți voi da tot ce ai nevoie. Voi fi cu tine tot timpul. Voi fi și sprijinul tău."*

Am petrecut următoarele două săptămâni căutând cu atenție pe Domnul, după care am spus: *"Doamne, nu știu exact dacă aceasta este vocea ta, dar îmi voi da casa chiar dacă nu sunt sigură că mi-ai cerut-o. E mai bine să fac o greșeală pierzându-mi casa decât să risc să nu mai ascult de vocea Ta"*.

La scurt timp după aceea, pastorul m-a sunat. Era o zi de joi, și el mi-a cerut să-l întâlnesc, deoarece el avea ceva să-mi spună ce privire la ce i-a arătat Domnul cu privire la mine. Mi-a spus că a văzut o lumină mare în jurul meu, care era Slava lui Dumnezeu, Harul Domnului peste viața mea; că urma să propovăduiesc Evanghelia în Irlanda și în străinătate; că urma să mă rog ca oamenii să fie vindecați; că Dumnezeu m-a adus aici pentru români și mulți tineri români aveau să-l întâlnească pe Dumnezeu prin mine. Dumnezeu mă pregătea pentru o mare lucrare.

Eram copleșită. În mintea mea, nu mă puteam vedea predicând în engleză și română. M-am gândit că s-ar putea întâmpla în aproximativ 10 sau 20 de ani!

Când a terminat de vorbit, I-am spus despre lupta pe care o aveam în minte și nu știam dacă era vocea Domnului care îmi cerea casa. Mă așteptam să mă ajute cu asta, dar el a rămas liniștit și mi-a spus că nu-mi poate spune ce să fac, dar se va ruga pentru mine ca Duhul Domnului să mă conducă la Voia Lui. Mi-a spus să ascult ce-mi spunea inima și că Duhul Sfânt mă va călăuzi.

Când a plecat, m-am așezat în genunchi și am strigat; *"Te rog Doamne, Ajută-mă să scap de această luptă. Dacă este dorința Ta, sunt dispusă și hotărâtă să o dau; spune-mi doar cui ar trebui să o dau."*

Tocmai atunci am putut vedea o imagine clară a fratelui fostului meu iubit în fața mea și o voce care îmi spunea că ar trebui să i-o dau. Am deschis ochii și nu am putut înțelege ce se întâmplă.

Vocile au început din nou în mintea mea: *"Cum poți să i-o dai? Ai uitat ce a făcut când a stat cu tine? Mi-am adus aminte de imaginile trecutului, de certurile pe care le aveam. Ai uitat că ai spus că sub nici o formă nu mai are ce să pună piciorul în casa ta și acum vrei să i-o dai? Ce va spune familia ta? Ai uitat că ai în familia ta, frați care nu au o casă a lor?"*

Am vorbit cu voce tare și am spus; *"Doamne, ajută-mă să iau o decizie conform voinței Tale. Nu știu ce să fac. Nu știu dacă e o nebunie, sau ce se întâmplă cu mine. Tot ce știu este că vreau să ascult doar vocea Ta și să nu ies din planul Tău."*

Apoi, în mintea mea, totul s-a oprit, și am așteptat ca Domnul să-mi vorbească, dar nu a existat nici un răspuns. Am așteptat o vreme în liniște. Apoi am deschis Biblia și am citit din Matei capitolul cinci versetul 38, iar când am ajuns la versetul 44, Am citit; *"Dar Eu vă spun: iubiți pe vrăjmașii voștri, binecuvântați pe cei ce vă blestemă, faceți bine celor ce vă urăsc și rugați-vă pentru cei ce vă asupresc și vă prigonesc..."*

În mod automat, am înțeles că Dumnezeu mi-a cerut să fac acest lucru. I-am spus, *"Sunt hotărâtă, Doamne; îi voi da casa, doar spune-mi ce trebuie să fac și ce pași trebuie să urmez."*

Mi-a spus să-l sun și să vorbesc. Știam că lucrează în Irlanda, așa că am încercat imediat să-l sun, dar nu a răspuns. Am simțit cum se aduna tensiunea în mine. M-am simțit ca și cum aveam ceva în gât care mă împiedica să respir sau să vorbesc. În cele din urmă, l-am contactat.

I-am spus să nu spună nimic până nu termin ce aveam de spus pentru că simțeam că nu pot respira. I-am spus că Dumnezeu îl iubește și că vrea să se împace cu el. I-am spus că îi voi da casa mea cu totul în ea și că Dumnezeu a vrut ca el să nu-și mai facă griji și să se concentreze asupra chemării Sale.

După ce am terminat de vorbit, respirația mi-a revenit la normal. Am fost ușurată. El abia putea vorbi. Plângea și mi-a spus că încerca să mă sune pentru că s-a certat cu omul cu care lucra și s-a gândit că ar trebui să se întoarcă în România, dar nu știa unde să meargă pentru că tatăl său nu-l primea acasă. A vrut să mă întrebe dacă l-aș putea lăsa să stea în chirie, dacă nu era nimeni în ea, dar nu a îndrăznit să mă sune pentru că știa ce făcuse în trecut. M-a întrebat de unde știu ce s-a rugat lui Dumnezeu pentru că nu spusese nimănui despre necazurile lui.

Atunci am fost convinsă că Dumnezeu a pus totul în ordine. Am fost atât de bucuroasă că am ascultat vocea Domnului. L-am sunat pe pastor și i-am spus că am dat casa, iar el a fost uimit. Mi-a spus că nu mai are cuvinte de spus și m-a întrebat dacă voi veni la întâlnirea de rugăciune de toată noaptea, deoarece se rugau o noapte pentru bolnavi. Mi-am dat seama că era ca atunci când eram în România și mi-am dorit foarte mult să merg deoarece nu am avut ocazia de a participa la o noapte de rugăciune.

Apoi am sunat acasă și i-am spus fostului meu iubit și mamei sale despre decizia pe care am luat-o, dar ea nu m-a crezut. Au fost șocați și au continuat să mă întrebe dacă totul era adevărat?,casa daca casa cu tot ce era în casă? Am spus da și le-am spus că atunci când mă voi întoarce acasă, voi pune casa pe numele lui pentru a face totul legal, pentru a nu avea nici o îndoială.

Zilele treceau, iar vineri, am decis să fac o curățenie profundă în fiecare săptămână în casa în care lucram, astfel încât să-mi pot folosi timpul mai eficient și, prin urmare, timpul să treacă mai repede, deoarece abia așteptam să merg la biserică. Am terminat totul chiar mai repede decât mă așteptam și eram gata să plec când familia s-a întors de la serviciu. Le-am spus că totul este gata, mâncarea și curățenia au fost făcute astfel încât să merg la biserică și să nu mă întorc până dimineața.

Întâlnirea de rugăciune a Bisericii nu trebuia să înceapă decât peste încă două ore, dar nu am putut aștepta, așa că am început să merg în sus și în jos pe trotuar rugându-mă ca cumva Dumnezeu să-mi arate cum să găsesc biserica în întunericul nopții. Așa cum mergeam, din nou în mintea mea acea mică voce a diavolului a venit:

"*Ai* văzut ce ai făcut,*nu puteai* să ratezi o zi de la biserică, acum familia va crede că nu ești devotată slujbei tale și te vor da afară; nu ai unde să stai, unde vei merge acum? Nu ai pe nimeni aici în țara asta, dacă te întorci în România nu vei m*ai avea unde să muncești, nu mai ai casa pe care ai dat-o deja, ce ai de gând să faci?*"

Am fost atât de nervoasă că mintea mea era tulburată. Simțind multă presiune m-a făcut să mă simt foarte obosită, am simțit că poate nu trebuia să plec de acasă târziu în noapte pentru a merge la întâlnirea de rugăciune, dar știam că Dumnezeu mi-a promis că El va fi cu mine, îmi va da tot ce am nevoie, că nu mă va părăsi, nici nu mă va abandona.

I-am spus: *"Doamne, Te rog, ia asta din capul meu"* deoarece eram obosită de aceste cuvinte.

Am văzut spiritul plecând rușinat. Am simțit cu adevărat dezamăgirea lui, dar în același timp am simțit bucuria că nu l-am dezamăgit pe Dumnezeu.

Am fost șocată de cele întâmplate. Tocmai atunci l-am auzit pe pastor strigându-mă în timp ce lua alți oameni pentru întâlnirea de rugăciune, oprindu-și mașina lângă mine. Atunci mi-am dat seama că eram deja pe stradă de două ore. M-a întrebat de ce sunt afară și am început să-i spun tot ce s-a întâmplat. El mi-a spus să nu îmi fac griji, și că Dumnezeu avea totul în control. I-am spus că nu sunt îngrijorată, eram bucuroasă că merg la noaptea de rugăciune. Mi-a spus să nu mă mai gândesc la asta, doar să mă bucur de prezența Domnului și că dimineața Dumnezeu îmi va da o soluție.

În acea noapte, o mulțime de oameni veneau la programul Bisericii. A fost o pauză de trei ore după aceea, timp în care cei care doreau să se întoarcă, se întorceau să rămână până dimineața. Pastorul a rămas în biserică în acea pauză cu mine și copiii săi, un băiat și o fată. S-a dus și a cumpărat mâncare pentru toată lumea și am mâncat împreună. El mi-a spus că era foarte fericit de ceea ce mi se întâmpla și că știa că Dumnezeu avea un plan foarte măreț pentru viața mea și că nu aveam de ce să mă tem, deoarece Dumnezeu mă instruiește pentru viitor.

După miezul nopții, când au venit alți oameni, programul s-a reluat. Am fost uimită că avea loc un studiu biblic de o oră și am putut pune întrebări la care pastorul a răspuns. M-am simțit atât de bine; a fost foarte diferit de duminică sau vineri seara în biserică. Am fost uimită când am studiat versetele biblice din Efeseni capitolul şase; vorbeam despre faptul că nu luptăm împotriva oamenilor, ci împotriva duhurilor rele. Pastorul a explicat că trebuie să iubim oamenii chiar dacă sunt răi, deoarece nu ei ne rănesc, ci spiritele. Apoi mi-am dat seama că tot ce avea loc cu mine era spiritual. Ştiind acest lucru m-a ajutat să înţeleg cât de important este să păstrez unitatea cu Duhul Sfânt şi, prin aceasta, trebuia să iubesc oamenii fără condiţii prealabile.

Foamea şi setea mea pentru Biblie au continuat; puneam tot felul de întrebări. Este atât de minunat când Duhul Sfânt descoperă misterele Bibliei. Pastorul care conducea studiul biblic mi-a văzut foamea după Cuvântul lui Dumnezeu şi mi-a spus că pot veni în fiecare marţi seara la studiul lor biblic. Am fost foarte încântată să fiu invitată, eram sigură că nu voi lipsi.

După studiul biblic a început programul de rugăciune, iar apoi frica a început să intre în mine. Toţi ceilalţi au început să se roage tare în alte limbi şi nu s-au oprit. Am vrut să merg afară, dar nu ştiam unde puteam merge. Nu mai ştiam pentru ce să mă rog. Îmi terminasem deja rugăciunea, totuşi ei încă se rugau. Când am văzut că nu au terminat, am început să repet aceeaşi rugăciune din nou şi l-am întrebat pe Dumnezeu: *"Doamne, eşti sigur că aici vrei să fiu? Nu am mai văzut aşa ceva înainte, nu ştiu cum să mă rog ca ei. Dacă trebuie să stau aici, atunci trebuie să mă înveţi să mă rog ca ei, ca să nu mă sperii aici."*

Vorbind cu Dumnezeu mi-am luat atenţia de la ei, deoarece toţi încă se rugau. A fost atât de incredibil cum am putut simţi prezenţa lui Dumnezeu de fiecare dată când vorbeam cu El, la fel ca un prieten de lângă mine. Acum experimentam şi înţelegeam promisiunea pe care mi-o făcuse.

Programul de rugăciune se terminase și nu-mi venea să cred că timpul trecuse atât de repede și era deja dimineață. În înțelepciunea sa, pastorul mi-a explicat că nu ar fi bine să-mi perturb casa trezindu-i și că puteam rămâne peste noapte cu familia sa și cu un alt membru al Bisericii.

Nu mi-am dat seama cum a trecut timpul și, în timp ce discutam cu toții pe drumul spre casa lui, îi explicam că eram puțin speriată la începutul întâlnirii de rugăciune. M-au îndemnat să nu mă tem; pentru că există diferite moduri de a te ruga, deoarece experimentau multe atacuri spirituale. Ei au explicat că, în timp ce se rugau, era un război pentru ei; că trebuie să luptăm ca și cum am fi soldați ai Împărăției lui Dumnezeu.

Când am ajuns la casa pastorului, nu a durat mult până când am adormit cu o inimă plină de bucurie și o dorință de a vedea ce pregătește Dumnezeu pentru mine.

Când m-am trezit era deja 2 p.m. după-amiaza, iar copiii au venit la mine și m-au întrebat dacă vreau să iau prânzul cu ei. M-am pregătit și m-am dus în camera de zi unde pastorul ceruse să-mi fie cumpărate haine. Am început să plâng; că Dumnezeu și acești oameni aveau grijă de mine.

I-am spus pastorului că acum câteva zile căutam predici în limba română pe Internet și am văzut o predică a pastorului Florin Ianovici. Am încercat să trec peste ea deoarece o ascultasem înainte; dar Domnul mi-a spus să o ascult din nou, deoarece era ceva ce ratasem. În predica sa vorbea despre faptul că Dumnezeu ne cere să avem grijă de văduve și orfani. Apoi, în acea secundă, o femeie din sat a apărut în fața mea: soțul ei murise și avea patru copii. Am înțeles că Dumnezeu mi-a cerut să fac ceva, deși nu știam ce anume. Am oprit televizorul și am spus: *"Bine, spune-mi ce să fac."*

Mi-a spus să trimit 50€ acasă la acea femeie. El mi-a spus să nu-i trimit prin Western Union deoarece ei percepeau o taxă. Trebuia să dau banii aici, în Irlanda, Corinei, iar tatăl ei îi dădea acesteia în România. Apoi am fost de acord că voi da săptămâna viitoare, pentru că, cu salariul din această săptămână, voiam să-mi iau haine pe care să le port la biserică.

Dumnezeu mi-a spus să dau banii acum pentru că ea este în nevoie, și El va avea grijă de mine dându-mi haine pentru biserică. Apoi am ascultat și am sunat-o pe prietena mea Mi-a spus că tatăl ei este în România, așa că îi va spune să meargă în sat să o caute pe acea femeie. A doua zi am sunat acasă la sora mea și când am vorbit cu ea, mi-a spus că cumnata ei este acolo și a vrut să vorbească cu mine când a auzit că sunt la telefon. Acea femeie a început să plângă la telefon și m-a întrebat de unde știam că are nevoie de 50 de euro? I-am spus că Domnul mi-a cerut să-i spun să nu fie tristă și să nu-și facă griji că, deși dacă nu are soț, Dumnezeu nu o va părăsi și va fi sprijinul ei și va oferi tot ce are nevoie pentru copiii ei. În timp ce plângea, mi-a spus că, cu o noapte înainte, l-a rugat pe Domnul să o ajute, deoarece datora 50 de euro de la mormantare iar bărbatul venise să-i ceară banii. Ea a spus cu un oftat de mulțumire, că Domnul a ascultat rugăciunea ei. Am rămas fără cuvinte, copleșită de modul în care lucrează Dumnezeu! Am fost fericită că am ascultat și m-am lăsat folosită de Dumnezeu pentru a-i ajuta pe alții. Și acum, a vrut să se asigure că am haine pentru biserică. Am calculat valoarea hainelor cumpărate de pastor era de 150 de euro, de trei ori mai mult decât am dat! Pastorul a fost uimit de povestea mea și a spus că orice fac pentru Dumnezeu nu este în zadar, pentru că El ne răsplătește întotdeauna când avem nevoie.

Capitolul Șase

DUMNEZEUL CARE DĂ

În acea duminică, după biserică, m-am întors la familia la care stăteam și m-au rugat cu amabilitate să iau prânzul cu ei. Bunătatea lor i-a determinat să-mi dea o cheie pentru casa lor și mi-au spus că este cheia mea de acum încolo. Puteam să vin și să plec când voiam. Nu-mi venea să cred cum a rezolvat Dumnezeu lucrurile!

Am început să le povestesc în detaliu despre biserică și le-am spus că nu vreau să ratez niciodată studiul biblic în fiecare marți de la 7 la 9 seara. Acum simțeam că pot participa fără să-i deranjez. Ei au fost atât de fericiți că am găsit o biserică și m-am stabilit în ea.

14 februarie venea, și am văzut toate decorațiunile de Ziua Îndrăgostiților. Toată lumea posta pe social media despre iubirile lor. Eram fericită că, chiar dacă nu am aveam un iubit, eram bucuroasă că l-am avut pe Isus tot timpul lângă mine; că am putut simți prezența Lui, dar mai ales dragostea Lui pentru mine. M-am gândit adesea la cât de frumos este când ești iubit de Isus. Nu este ca un iubit din lume care te iubește doar atunci când faci ceva pentru a-i face pe plac; sau că își arată dragostea doar o dată pe an de Ziua Îndrăgostiților. Am fost fericită că Isus mă iubește chiar și atunci când greșesc, că îmi arată dragostea lui în fiecare zi, nu doar o dată pe an. De fapt, mă iubește atât de mult încât și-a dat viața pentru mine. La ce iubire mai mare m-aș putea aștepta?

În timp ce stăteam pe patul meu, am deschis computerul familiei la care aveam acces și am intrat online. Am citit prin toate postările, și dintr-o dată am auzit o voce spunându-mi să scriu despre ceea ce simțeam. Așa că, am început să scriu, și odată ce am început, nu am putut să mă opresc. Ce scriam tocmai îmi venea în minte și când am terminat de scris și am verificat, nu mi-a venit să cred că am scris ceva de genul acesta. Am scris despre diferența dintre a fi iubit cu dragostea lumii, și dragostea lui Dumnezeu, și despre dragostea lui Isus față de noi. Am văzut că mulți oameni au răspuns, deoarece au fost atinși de ceea ce au citit.

Nu după mult timp, familia mea de acasă din România a descoperit că îmi dăruisem casa și m-au sunat pentru a confirma dacă este adevărat. Le-am spus că zvonurile sunt adevărate. M-au întrebat de ce nu i-am dat-o unuia dintre ei sau de ce nu le-am vândut-o? Ei au spus că era imposibil ca Dumnezeu să-mi ceară să fac asta, că am înnebunit și au întrebat la ce sectă m-am dus? Mi-au spus să uit de ei, că nu vor să mă mai cunoască. Ei au spus că ar trebui să aștept și să văd când veneam acasă unde aveam de gând să stau, pentru că nu voiau să aibă de-a face cu mine; că mi-am dezonorat familia. Am fost șocată!

Nu-mi venea să cred ce auzeam. Nu știam ce să spun. Știam că ei nu înțeleg, pentru că eu personal nu am înțeles; dar nu mă așteptam la o reacție atât de puternică din partea lor.

Nu am putut înțelege de ce erau atât de supărați, deoarece era casa mea din propria mea muncă; nu era o moștenire de la părinții mei. Nu am intervenit niciodată în deciziile lor; nu eram interesată de ceea ce au făcut cu viața lor și nu înțelegem de ce erau atât de supărați pe mine. L-am întrebat pe Dumnezeu de ce frații mei nu m-au înțeles. Nu am putut înțelege de ce au spus că nu mai sunt sora lor. Deci, asta înseamnă că, eram sora lor doar dacă le dădeam ceva? Acele voci vechi familiare mi-au venit din nou în minte: "*Ai* făcut o greșeală, ai înțeles greșit, asta nu a fost vocea lui Dumnezeu, ești nebună!"

Vocea fiecăruia dintre frații mei care mi-au reproșat mi-a venit în minte. Am plâns, căutând să știu ce se întâmplă pentru a ușura durerea din sufletul meu. Am înțeles că nu pot accepta ceea ce am făcut pentru că eu însumi nu înțelegeam cu adevărat ce se întâmplă cu mine. L-am rugat pe Dumnezeu să vorbească cu mine, să nu mă părăsească și El, pentru că atunci nu mai aveam pe nimeni.

Mi-am ridicat Biblia și am început să citesc de unde s-a deschis ea în Matei, Capitolul 10. Am observat că în versetul 22 spune, *"veți fi urâți de toți, din pricina Numelui Meu; dar cine va răbda până la sfârșit va fi mântuit."* Apoi am înțeles ce se întâmplă, mi-am spus că nu contează dacă mă urăsc, principalul lucru era că Isus mă iubea. După aceasta, m-am dus la Marcu 10:21, unde scrie *"... du-te de vinde tot ce ai, dă la săraci, și vei avea o comoară în cer. Apoi vino, ia-ți crucea și urmează-Mă."*

Chiar dacă familia mea spunea că Dumnezeu nu poate cere să fac asa ceva, acum am văzut clar în Biblie că El poate cere acest lucru. El a cerut în trecut și El poate cere lucruri acum. Cuvintele pastorului din predică mi-au venit în minte, unde a spus că Dumnezeu este neschimbat, *"El este la fel ieri, astăzi și în veci."* Acum am înțeles clar că Dumnezeu putea să-mi ceară casa cu tot ce aveam. L-am rugat pe Dumnezeu să mă ierte pentru că m-am îndoit de El și am promis că nu voi fi niciodată convinsă de ceva ce El nu a scris în Biblie; și că acum voi căuta toate răspunsurile în Biblie.

Eram hotărâtă să nu fiu descurajată de ceea ce mi-au spus oamenii și am decis că, atunci când vor spune din nou ceva despre casă, le voi spune să citească Biblia în Marcu, capitolul 10:21. Eram atât de fericită că Dumnezeu mi-a dat răspunsul. Nu m-am mai gândit la casă și, în schimb, m-am gândit că am început o viață nouă fără nimic, doar cu Dumnezeu. El este de ajuns. Știam că dacă îl aveam pe

El, nu îmi lipsea nimic.

Am participat la toate întrunirile Bisericii, în special la studiul biblic. Am învățat că trebuie să stăm în mijlocire pentru a ne ruga pentru familia noastră și pentru oamenii din lume. Am început să mă rog pentru toată lumea; pentru familia mea, chiar și pentru fostul meu iubit!

Pastorul a început să împărtășească despre profetul Ilie, care a fugit și s-a ascuns de regină și ne-a explicat cum Dumnezeu a avut grijă de Ilie și i-a trimis o pasăre să-i aducă mâncare în fiecare zi. În acel moment, imagini din trecut mi-au venit în minte și am început să înțeleg ce s-a întâmplat.

Capitolul Șapte

DRUMUL SPRE CASĂ

Trecusem printr-o perioadă dificilă. Într-o zi vorbeam cu una dintre prietenele mele dintr-o altă țară despre obținerea divorțului, din cauza deteriorării severe a mariajului meu. M-a întrebat dacă vreau să vin și să lucrez ca bonă pentru copilul ei; dacă da, mă va plăti bine. Aici am făcut o greșeală... nu l-am întrebat niciodată pe Dumnezeu - a fost voia Lui sau dorința mea?

Am fost fericită și am acceptat, gândindu-mă că mi-ar fi mai ușor să uit de soțul meu pentru că nu era lângă mine și nu existau locuri care să-mi amintească de el. Am fost atât de fericită pentru această oportunitate și am sperat că voi începe din nou viața de la început.

Am călătorit cu autobuzul și am ajuns la stația de autobuz locală, primele cuvinte pe care mi le-au spus au fost, *"uită de România și de soțul tău, nu te-a meritat, meriți ceva mult mai bun."* Dar, într-adevăr, încă îl iubeam, pentru că nu este ușor să uiți de 10 ani de căsătorie. Această pauză trebuia să mă ajute emoțional să trec prin divorț.

Din momentul în care am ajuns la casa lor, am știut în sinea mea că ceva nu era în regulă; eram în locul greșit, am luat decizia greșită, și cu fiecare decizie vin și consecințele; eram pe cale să aflu care au fost ale mele.

Dar din nou nu aveam bani să mă întorc!

În dimineața următoare, m-am dus cu prietena mea la locul ei de muncă. A fost atât de frumos să aud și să întâlnesc o altă persoană la locul ei de muncă, care era din România și vorbea în limba mea maternă. În acest moment prietena mea mi-a spus să nu fiu speriată, și că îmi vor găsi un loc de muncă pentru mine.

Am găsit de lucru într-o podgorie locală și de abia așteptam sfârșitul săptămânii pentru a fi plătită; acest lucru îmi oferea posibilitatea de a cumpăra un bilet de autobuz pentru a putea pleca de acolo. Dar apoi am aflat că trebuie să plătesc chiria și mâncarea, după aceasta mi-a rămas foarte puțin. M-am dus în camera mea și m-am plâns la prietena mea. M-a asigurat că va face tot ce poate pentru a mă ajuta să mă întorc.

A doua zi am avut ocazia să-l sun pe șeful meu din Ungaria să-mi trimită bani pentru a mă putea întoarce să lucrez pentru el și i-am povestit despre situație, profitând de faptul că nimeni nu știa limba maghiară și nu înțelegea ce spuneam. Mi-a spus că-mi va trimite două sute de euro. A doua zi tranzacția s-a realizat, dar era o literă greșită în numele meu, așa că casierul nu a eliberat banii. Eram disperată; ce altceva se putea întâmpla? Am disperat.

În fiecare zi întotdeauna îmi mergea ceva rău, nimic nu mergea pe deplin bine. Era ca și cum gaura era rotundă, cuierul meu era pătrat, dacă gaura era un triunghi, al meu era un dreptunghi... nimic nu mergea. Multe nopți, stăteam întinsă temându-mă pentru a doua zi. Asta se întâmplă când cineva pășește în afara voinței lui Dumnezeu.

În dimineața următoare am simțit că trebuie doar să plec. Mi-am împachetat valiza și m-am dus la cafeneaua unde mergeam dimineața. Când am ajuns acolo, românca m-a întrebat ce fac cu o valiză? Am început să-i spun tot ce s-a întâmplat. Mi-a spus să nu-mi fac griji și că mă va ajuta. Mi-a spus să pun bagajele în spate și, după câteva minute, a venit și șeful ei. Ea i-a spus ce s-a întâmplat și mi-a spus că mă va ajuta și dacă aș vrea și mi-ar putea da de lucru să stau acolo până când găseam să închiriez ceva. Am fost fericită rămân în acea noapte, dar cât de repede puteam, îmi vedeam de drum.

În dimineața următoare, am băut cafea cu acea româncă de la bar și a auzit doi băieți români chemând un taxi să-i ducă în oraș în locul din care pleca autobuzul. Ea a întrebat dacă mă vor lua cu ei, ca să pot ajunge la autobuz? Au spus da, mergeau în România. Apoi i-a sunat pe șoferii de autocare și le-a spus că are o fată care vrea să meargă în România, dar nu are bani. Dacă îmi permiteau să călătoresc, le plăteam la sosire. Șoferii de autobuz au fost de acord și am fost atât de fericită că plec de acolo cât mai repede.

Fata aceea mi-a dat cinci euro și o sticlă de apă pentru călătorie. Le-am mulțumit și am plecat, bucuroasă că plecam de acolo. Plângeam de bucurie că puteam merge acasă.

După aproximativ o oră, autobuzul s-a oprit, iar șoferul ne-a explicat că suntem într-un loc cu plantații de portocali și că fiecare autobuz care trece pe acolo se oprește. Proprietarii s-au urcat în autobuz și au dat portocale oamenilor din autobuz. Apoi am văzut doi oameni urcând în autobuz cu mai multe plase de portocale. Când mi-a venit rândul, mi-a pus o plasă plină de portocale în mână și mi-a spus că toate sunt pentru mine. Am fost fericită; m-am gândit cel puțin am portocale să mănânc atunci când mi se face foame.

Când autobuzul s-a oprit pentru pauză, mi-am cheltuit cei cinci euro sunând la o companie de microbuze pe care o folosisem înainte, în timp ce lucram în Ungaria în spital. Ne duceau la Budapesta chiar dacă nu aveam bani, cu condiția să plătim când ne întorceam. Intenționam să mă întorc în Ungaria pentru a lucra din nou în spital, dar autobuzul a întârziat pentru că a fost oprit pe drum atât de mult timp. Am intrat în gară, dar nu am stat mult pentru că eram speriată;

așa că am ieșit în fața gării și m-am așezat pe o bancă. M-am gândit să stau acolo până dimineața, când era lumină, ca să pot ajunge la autostop și să ajung în sat.

După aproximativ trei ore, un șofer de taxi s-a apropiat de mine și m-a întrebat dacă vreau să merg acasă? Știam că nu pot merge, deoarece ar fi fost foarte scump și nu aveam bani. I-am spus că nu am bani să plătesc. Mi-a spus că nu vrea bani, că vrea să mă ducă acasă fără bani. El a văzut că nu am încredere în el și așa mi-a spus să am încredere în el pentru că el era creștin și voia să mă ducă acasă pentru a se asigura că ajung acolo în siguranță. I-am spus că nu am bani să plătesc nici măcar acasă, dar el a insistat să mă ducă acasă gratuit. Am acceptat și am urcat în mașina lui.

În timpul călătoriei cu taxiul, a început să mă întrebe ce făceam și de unde veneam. Am început să-i spun ce mi s-a întâmplat. A început să plângă și mi-a spus că acum înțelege ce s-a întâmplat cu el. Mi-a spus că a auzit o voce spunându-i să vină la mine și să mă ducă acasă fără să ceară bani. El a spus că a încercat să nu asculte, dar vocea nu i-a dat pace. El a spus că acum crede că Dumnezeu a fost cel care i-a spus să mă ducă acasă. Am ajuns acasă la 6 dimineața, și ghici ce? Mai aveam vreo zece portocale de dat nepoților mei.

După toate acestea, acum eram aici, stând în Irlanda la studiul Bibliei, și îi eram recunoscătoare Domnului că mi-a reamintit de aceste amintiri, care erau atât de vii pentru mine. Nu puteam să cred că Dumnezeu mi-a dezvăluit că în tot acest timp, prin toate necazurile mele, El a avut grijă de mine și m-a protejat de tot ce era rău. La fel cum s-a întâmplat cu Profetul Ilie, Domnul a avut grijă de mine. A trimis-o pe femeia aceea să mă ajute să ajung acasă. I-a trimis pe acei tineri care mergeau și ei în România să mă ducă la autobuz. El a trimis oamenii să-mi dea portocalele, ca să am ceva de mâncare pentru cele două zile de călătorie și chiar a trimis un șofer de taxi să mă ducă acasă la sfârșit. În timp ce ascultam studiul Bibliei, mi-a venit din nou în minte cuvintele pe care El mi le-a spus în momentul în care m-a chemat; că, deși L-am părăsit, El nu m-a părăsit. Am plâns și i-am mulțumit pentru dragostea pe care mi-a arătat-o în tot acest timp.

Capitolul Opt

CÂND DUMNEZEU VORBEȘTE

Zilele au trecut repede în Killarney și mă bucuram din ce în ce mai mult de prezența lui Dumnezeu. Pastorul mi-a spus adesea că mulți oameni erau încurajați pentru că mă vedeau la fiecare program și erau uimiți de dorința mea de a învăța, mai ales din Cuvântul lui Dumnezeu.

Când nu existau întâlniri în biserica noastră, mergeam cu bucurie la conferința femeilor, când profeții veneau din altă parte. Odată, un profet m-a ridicat în picioare și mi-a spus că Dumnezeu are un plan măreț pentru mine și că mă va folosi în Lucrarea Sa. Profetul m-a văzut pe o scară pe care mulți merg în sus încet și treptat, dar eu urcam foarte repede. Pastorul bisericii noastre era acolo și mi-a explicat că aceasta însemna că foamea mea după Cuvântul lui Dumnezeu mă făcea să cresc.

De multe ori, oamenii veneau noaptea din alte orașe pentru a se ruga și, pentru prima dată, am asistat la vindecarea oamenilor prin puterea lui Dumnezeu. Acest lucru a fost cu totul nou pentru mine ca și creștin, chiar dacă citeam Biblia nu am crezut că Dumnezeu vindeca oameni în ziua de azi... poate am trecut cu vederea... *"Isus Hristos este același ieri și azi și în veci!"* Evrei 13:8. Nu văzusem acest lucru până atunci; dar, în același timp, eram neliniștită pentru că am văzut cum pastorul nu se temea de spirite și le alunga.

Încet, dar sigur, am văzut că mintea mea a fost orbită ca un cal pe o pistă. Am putut vedea doar ceea ce am fost programată să văd și nu ceea ce Duhul Sfânt îmi arăta. Tot timpul Dumnezeu încerca să mă scoată din înțelegerea mea despre El, și cu asta, am început să mă rog cu putere pentru vindecare.

Pastorul m-a oprit într-o seară și mi-a spus că Dumnezeu vrea să mă folosească pentru vindecare. El credea că Dumnezeu mi-a dat acest dar și mi-a spus să citesc versetele biblice referitoare la vindecare.

De asemenea, mi-a dat o broșură care avea multe versete despre vindecare în ea. Vorbea despre cum să-i încurajezi pe oamenii pentru care te rogi. La un moment dat mi-a spus că eram acolo de opt luni în biserică, rugându-mă pentru bolnavi, dar nu i-am spus că am nevoie de rugăciune. Nu am înțeles ce se întâmplă și i-am spus că nu sunt bolnavă; dar El a spus că Domnul i-a arătat că am o problemă; una pe care am purtat-o de mult timp și în legătură cu care medicii nu au putut face nimic. Apoi mi-am dat seama că era vorba de a nu avea menstruație, dar nu am vrut să vorbesc despre asta. Și-a dat seama că era ceva feminin și mi-a spus să nu-mi fac griji și că Dumnezeu mă va vindeca în acea noapte. Am plâns și nu mi-a venit să cred cum lucrează Dumnezeu. M-a chemat în față și s-a rugat pentru mine: am simțit un foc care îmi ardea în burtă și eram sigură că Dumnezeu mă vindecase.

Chiar dacă uneia dintre prietenele de familie i-am spus de problema mea si ca acumsunt vindecata îi era greu și că acum sunt vindecată... ...a abordat un punct foarte important, spunându-mi: *"Dacă ești vindecată, acum ar trebui să sângerezi."* Le-am spus că am crezut că am fost vindecată, dar nu știam ce se va întâmpla. M-am gândit că de atunci nu vor mai fi probleme și voi avea copii.

La o zi după ce s -au întors de la serviciu, familia cu care stăteam mi-a spus că două dintre colegele lor cu care lucrau, aveau nevoie de cineva care să facă curățenie la sfârșit de săptămână și le-au spus de mine. Am fost atât de fericită că puteam face mai mulți bani și puteam întâlni mai mulți oameni. Când am început să lucrez, acele femei erau atât de fericite de munca mea, încât mi-au dat chiar mai mulți bani decât s-a convenit!

Când aveam timp, sunam acasă și i-am spus fostului meu partener ce se întâmplă cu mine, că am fost vindecată și că am văzut vindecări care au loc în biserică. Mi-a spus că nu-i vine să creadă asta, credea că sunt nebună. Mi-a cerut să-l ajut să vină în Irlanda, la care i-am spus că nu pot pentru că nu am voie să aduc pe nimeni în casă și mai ales că nu știam ce simt pentru el și nu voiam să mă întorc la el. Știam că m-am schimbat foarte mult și că nu mă va înțelege.

Mi-a spus că fratele său mai mic, Albert, a venit și el în Irlanda cu soția sa de două săptămâni și mi-a dat numărul pentru a-i contacta. L-am sunat pe fratele lui și mi-a spus că lucra la cules de mere, dar că aveau niște probleme. Angajatorii nu vroiau să îi plătească și, în schimb, i-au concediat. Fratele lui m-a întrebat dacă aș putea găsi ceva de lucru pentru ei unde eram eu. Mi-a părut atât de rău că nu i-am putut ajuta și le-am explicat situația mea, dar le-am spus că mă voi ruga pentru ei. După ce am închis telefonul, m-am pus în genunchi și am spus: *"Doamne, îmi cunoști situația. Nu pot ajuta, dar Tu poți face ceva pentru ei."*

La scurt timp după apel, familia m-a întrebat dacă știam de cineva ca mine deoarece una dintre prietenele lor are nevoie de o bonă. Imediat fratele mai mic al fostului meu partener și soția lui mi-au venit în minte. Le-am spus că am o fată în minte, dar ea este cu soțul ei și ar veni doar dacă ea îi lăsa să rămână împreună. Ea a spus că mă va suna a doua zi și îmi va da un răspuns.

A doua zi după muncă, au spus că prietena lor a fost de acord să îi primească pe amândoi, pentru că avea o casă cu trei camere și ea era acolo singură cu copilul. Am fost surprinsă că Dumnezeu mi-a răspuns atât de repede la rugăciune! Cel puțin avem pe cineva pe care îi cunoșteam să locuiască lângă mine. I-am sunat și le-am spus că pot veni, așa că au ajuns să stea într-un sat din apropiere.

Am fost fericită pentru că au putut să vină să mă viziteze în acea duminică. După slujba de la biserică au putut să stea cu noi două ore. Dar cel mai mult m-am bucurat că au venit cu mine la biserică. Le-a plăcut și au venit din ce în ce mai des, chiar și la noaptea de rugăciune. Albert mi-a spus că doamna cu care stăteau îl va ajuta să completeze documentele și că el își va căuta de lucru. I-am spus să nu se descurajeze pentru că dacă Dumnezeu i-a permis să vină aici, Dumnezeu îi va da și o slujbă.

La scurt timp după aceea, m-a sunat într-o zi și mi-a spus că merge a doua zi dimineață la un interviu. I-am spus să mă sune înainte să plece ca să mă pot ruga pentru el. A doua zi dimineață, m-a sunat și m-am rugat pentru el și eram sigură că va primi acea slujbă. Am pus în practică ceea ce auzisem în studiul Bibliei în acea marți. Pastorul vorbea despre cum ar trebui să ne rugăm pentru alții, chiar dacă ei nu sunt încă împăcați cu Dumnezeu. Am fost atât de fericită că aveam pe cineva aproape de mine. În acea seară, Albert m-a sunat și mi-a spus că a luat interviul și a avut succes. Eram foarte fericită pentru el. El a început să caute o casă în care să se mute pentru că intenționa să-și ajute frații să vină în Irlanda. Nu după mult timp, a găsit o casă de închiriat cu trei dormitoare. M-am dus să-i vizitez la sfârșit de săptămână și am rămas la ei.

Ca toate locurile de muncă, pot exista momente de tensiune între angajați și șeful lor și, de asemenea, dacă era o problemă de limbă (chiar dacă deveneam mai bună în folosirea limbii engleze, dar încă învățam), pe măsură ce apăreau probleme, tensiunea se strecura între familie și mine.

În astfel de momente, întotdeauna am crezut că ar fi bine să vorbesc cu cineva despre asta, doar în cazul în care era vina mea; atunci trebuia să mă schimb. Într-o zi, în timp ce stăteam pe o bancă din parc, spunându-mi, *Nu am cu cine să vorbesc*, când am auzit o voce care mi-a spus: "*De ce nu vorbești cu mine? Nu am un telefon ocupat. Te ascult tot timpul.*"

Eram deja în parc pe o bancă și erau mulți copii, dar dintr-o dată totul s-a oprit. Nu am putut auzi nici un zgomot și am simțit prezența Domnului aproape de mine pe bancă. Domnul m-a întrebat: "*De ce te agiți?*" I-am spus cum mă simțeam... și după ceva timp... Ei bine, când îmi aduc aminte... gemeam și mă plângeam lui Dumnezeu.

Domnul m-a întrebat: "*Ai terminat?*" Am spus "*Da.*" Apoi a spus, "*Gândirea ta este greșită. Nu te-am chemat să cureți și să pregătești mâncare pentru că își pot permite să plătească o menajeră. Te-am chemat să le arăți dragostea Mea care este în tine. Cine ți-a spus că nu poți face această muncă? Am pus în tine tot ce ai nevoie pentru a realiza această muncă. Îți voi permite să termini această lucrare și apoi îți voi da alta. În fiecare zi, milioane de oameni din întreaga lume mă acuză că provoc necazuri, boli, dezastre și nu mai vorbesc cu Mine. Ei cer iertare, deși I-am iertat deja, chiar dacă știu că o vor face din nou.*"

Apoi mi-a fost atât de rușine și am spus, "*Doamne, Te rog să mă ierți, mă voi întoarce și îți promit că îi voi iubi așa cum îi iubești Tu și îți promit că nu voi pleca până nu-mi spui să plec.*"

Apoi, dintr-o dată totul a revenit la normal. Am început să aud din nou vocile oamenilor care se jucau în parc și am plecat spre casă. Mă simțeam plină de putere pentru că pluteam de bucurie. Și acum eram sigură că, așa cum m-a învățat Biblia, puteam să mut munții.

Când m-am întors în casă, familia era în camera de zi și am întrebat dacă pot să îi servesc cu mâncare. Indiferent dacă credeam că există o problemă de comunicare sau nu, eram hotărâtă, indiferent de situație, să le arăt dragostea lui Dumnezeu.

Nu este minunat că, chiar și atunci când ne simțim complet supraîncărcați și ne plângem lui Dumnezeu, El are capacitatea de a străluci lumina înțelegerii Sale în mintea noastră.

Capitolul Nouă

FOC ÎN CORPUL MEU

Pe măsură ce engleza mea se îmbunătățea, am început să mă gândesc să-mi părăsesc poziția, dar nu știam dacă era momentul potrivit. Câștigam mai multă independență și așa am întrebat dacă era timpul de a merge mai departe. La insistențele lui Albert, am decis să mă mut cu el în timp ce căutam de lucru în altă parte. Știam că nu era încă timpul, slujba mea nu se încheiase, dar simțeam că nu mai puteam lupta și voiam să plec în pace; așa că am vorbit cu familia și au fost de acord că, întrucât erau în concediu timp de trei săptămâni, aveau timp să găsească pe cineva care să-mi ia locul.

Când fostul meu partener Cristi a aflat că mă mutam cu Albert, mi-a cerut să-l aduc în Irlanda și să-l ajut să-și găsească un loc de muncă. Eram confuză și nu știam ce să fac pentru că încă nu eram convinsă ce sentimente aveam pentru el și mă temeam că nu voi putea rezista insistențelor sale de a mă întoarce la el. Am început să mă rog ca Dumnezeu să-mi dea înțelepciunea să fac voia Lui. Deodată am auzit o voce care spunea că trebuie să-l ajut să vină în Irlanda. Nu știam ce să fac și i-am spus fratelui său. Mi-a spus că nu este de acord, gândindu-se că fratele său nu știa engleza, era foarte dificil să găsească de lucru și că nu va avea răbdarea să stea fără un loc de muncă până când documentele vor fi finalizate pentru ca el să poată găsi de lucru. Albert a avut dreptate când spunea acest lucru, dar nu mi-a ieșit din minte faptul că Dumnezeu mi-a cerut să-l aduc pe Cristi acolo.

Am spus că știu sigur că Dumnezeu îl vrea aici. Nu știu exact cum se va întâmpla, dar știu sigur că așa cum Dumnezeu îl iubește atât pe el cât și pe fratele său, cu siguranță El va găsi de lucru pentru fratele său. El a văzut că nu am destui bani pentru a-i trimite pentru transport și mi-a dat niște bani pentru a-i trimite fratelui său.

Cristi s-a bucurat că i s-a deschis o ușă pentru a veni în Irlanda. I-am spus să-mi promită că, dacă va veni, nu va insista să mă întorc la el pentru că nu am vrut să mă abat de la planul pe care Dumnezeu îl avea pentru viața mea. El a fost de acord, și am fost fericită că am putut să-l ajut. M-am rugat Domnului în fiecare zi să mă ajute să-mi controlez sentimentele și să nu renunț; și să mă ajute să găsesc de lucru pentru el. Astfel, fostul meu partener a ajuns în Irlanda pe 20 decembrie, cu lucruri trimise de acasă. M-am bucurat că după atâta timp am putut mânca mâncare românească.

Am fost fericită că sărbătorim Crăciunul împreună și m-am simțit atât de bine încât nu mai eram supărată. Nici nu am vrut să vorbesc despre ce s-a întâmplat în trecut. Am fost atât de uimită că s-a creat o legătură atât de strânsă cu mine și m-am simțit ca și cum ar fi fost frații mei. În același timp, am simțit că Dumnezeu i-a adus cu un scop înaintea mea de a le atinge și de a le schimba viața. Am simțit că era responsabilitatea mea să le spun despre Dumnezeu. Le-am povestit cum m-a schimbat Dumnezeu și cum m-a chemat în Irlanda. De asemenea, au fost uimiți de cât de bine știam engleza, știind că nu o puteam vorbi înainte. Am fost fericită că Cristi a venit la biserică. Era foarte curios la ce biserică mergeam și cum m-a putut schimba. De asemenea, a venit și a vrut să vadă dacă este adevărat: ceea ce spuneam despre vindecarea oamenilor.

Unul dintre pastori a fost atât de fericit să vadă că toți am vrut să venim la biserică, încât ne-a adus cu mașina. Era la 40 de minute de mers cu mașina de unde stăteam până unde era biserica, dar nu l-a deranjat pe pastor; nu a luat niciodată bani pentru transport. A spus că e responsabilitatea lui să se asigure că venim la biserică. El a adăugat că nu a văzut niciodată oameni ca românii atât de flămânzi după Cuvântul lui Dumnezeu și a văzut că nu venim doar din obișnuință, ci căutam cu seriozitate prezența lui Dumnezeu. În niciun caz, a declarat el, alți oameni nu vor rămâne într-o biserică unde nu înțeleg limba. El a fost uimit că au venit chiar dacă nu înțelegeau. Desigur, am tradus pentru ei, și am stat printre ei, astfel încât aceștia să poată auzi ceea ce traduceam.

Într-o duminică, când eram în biserică și pastorul a început să predice, m-a chemat în față. El le-a spus oamenilor că este uimit de modul în care oamenii vin la biserică chiar dacă nu înțeleg limba și mi-a spus că de atunci voi fi în fața bisericii cu el pentru a traduce predica sa în limba română. S-a rugat pentru mine și apoi a început să predice. Când s-a rugat pentru mine, am simțit din nou acel foc din cap până în picioare și am început să traduc în timp ce vorbea. Mă întrebam cum puteam traduce atât de repede tot ce spunea. Am fost atât de fericită că au putut înțelege ce se predica și am sperat că vor fi atinși de Duhul Sfânt. Acum am înțeles de ce Domnul a făcut acea minune: mi s-a dat o cunoaștere a limbii engleze ca să pot traduce pentru români.

Într-o vineri, Cristi mi-a cerut să-l rog pe pastor să se roage pentru un băiat de șapte ani, fratele unei prietene de-ale sale din Spania, care avea leucemie și deja nu mai avea păr pe cap; și, în același timp, pentru tatăl prietenei sale, care era bolnav la pat de trei zile. I-am spus asta pastorului și l-am rugat pe Cristi să le scrie numele pe o bucată de hârtie. Cu toții ne-am pus într-un cerc ținându-ne de mână și am început să ne rugăm pentru ei. După rugăciune, pastorul i-a spus lui Cristi să-și sune prietena și să-i spună că sunt vindecați; că tatăl ei se va ridica din pat și ea ar trebui să verifice după o săptămână dacă copilului îi va începe să-i crească părul. Cristi a rămas uimit și a spus că abia aștepta ziua să o poată suna, curios să vadă dacă se va întâmpla așa cum a spus pastorul. Mi-a spus că dacă se va împlini, atunci va crede în miracole.

După ce ne-am trezit, fata a sunat și i-a spus că la 6 dimineața tatăl ei a început să se simtă mai bine, a început să mănânce și chiar a mers la cumpărături cu ea. Cristi a fost șocat și a spus că a fost exact în acel moment când ce ne rugam pentru ei. Nu mai avea cuvinte. Am fost atât de fericită că Dumnezeu și-a arătat puterea și că ei au fost atinși de ea. În fiecare duminică, înainte de predicare, se dădeau mărturii. Oamenii spuneau ce făcea Dumnezeu în viața lor. De asemenea, am mers în față și am depus mărturie despre modul în care ne-am rugat pentru acel om și cum a fost exact așa cum a spus pastorul; tatăl ei s-a dat jos din pat exact după ce ne-am rugat pentru el.

În acea duminică, o fată irlandeză a venit și a mărturisit că pastorul s-a rugat pentru ea. Avea o boală rară a piciorului și nu putea sta în picioare mai mult de două minute. Chiar și atunci când făcea un duș, avea nevoie de un scaun pentru a se așeza. Cea mai grea parte pentru ea a fost că nu putea purta pantofi ca o femeie normală, nu se putea bucura de viață în acest fel. Ea mărturisea cum a vindecat-o Dumnezeu și acum stă în picioare, poate să meargă și să facă duș. Apoi am văzut că Albert și Elena plângeau. Amândoi au venit în fața congregației pentru a-și preda viața Domnului, spunând că sunt sănătoși și au vrut să-i mulțumească Domnului pentru viața lor. Văzând cum i-a atins Domnul, am fost fericită că Dumnezeu a găsit o modalitate de a mă folosi în viața lor. Răsplătită cu două suflete pentru Dumnezeu, aveam deja roade. Toată lumea din biserică a fost atât de fericită, și eu am fost în același timp. Am văzut dragostea cu care au fost primiți în familia lui Hristos.

După șapte zile, fata din Spania l-a sunat pe Cristi, și i-a trimis o fotografie a copilului cu părul în creștere. A fost din nou, șocat și fericit în același timp, spunându-mi că acum crede și înțelege tot ce i-am spus când era în România; și acum crede că nu am înnebunit. Am fost uimită de modul în care Dumnezeu i-a atins. I-am văzut ca pe copiii mei spirituali; și atunci am știut că era responsabilitatea mea să-i ajut să crească spiritual, explicându-le tot ce știam despre Dumnezeu.

Am fost uimită de modul în care Dumnezeu mi-a pus în minte un răspuns la fiecare întrebare pe care o aveau despre Dumnezeu. Mi-am amintit ce învățasem la studiul biblic și am văzut că totul era util pentru a răspunde la întrebări. Am fost fericiți împreună, am vizionat filme creștine pe care eu le-am văzut înainte, și am știut sigur că le-ar place și lor.

Când am fost la biserică într-o vineri, Cristi mi-a spus că vrea să-l primească pe Dumnezeu în viața lui. I-am spus pastorului și s-a rugat pentru el. Am fost atât de fericită; am adus un alt suflet la Hristos. Acum am înțeles de ce Dumnezeu mi-a spus să-l ajut să vină în Irlanda; și de ce satana încerca atât de mult să mă oprească să-l aduc, folosindu-se de sentimentele mele și de teama mea de a fi cu el. Dumnezeu avea planuri să-i salveze sufletul.

Într-o zi când mă rugam pentru Cristi pentru a-i găsi un loc de muncă, Dumnezeu mi-a spus să vorbesc cu Albert să-l întrebe pe șeful său dacă ar putea să-i ofere ceva de lucru fratelui său. Albert mi-a spus că el nu crede că era o idee bună, deoarece el avea deja dificultăți la locul de muncă deoarece nu înțelegea limba engleză foarte bine. El știa că Cristi nu cunoștea deloc engleza. Nu am renunțat; i-am spus doar să spună că fratele său este cu el în casă și își caută de lucru. I-am spus să nu-i ceară să-l angajeze, doar să spună că era acolo. Mă voi ruga, și Duhul Sfânt își va face lucrarea Lui și el va vedea că Cristi va obține un loc de muncă cu el în aceeași fabrică. Albert a spus că nu poate avea această încredere, dar l-am făcut să-mi promită că va spune ceea ce i-am spus, șefului său.

Era 5 Ianuarie, când Albert s-a întors la muncă după vacanța de Crăciun. Am decis să mă rog pentru ei în fiecare dimineață înainte de a merge la muncă. M-am rugat pentru ei și i-am încredințat în mâna Domnului. În prima zi după întoarcerea de la serviciu, Albert mi-a spus că a făcut ceea ce i-am spus, iar șeful său i-a spus să-și aducă fratele la muncă a doua zi. Eram cu toții atât de fericiți, iar Albert mă tot întreba de unde știam că șeful lui îi va da și lui Cristi o slujbă. Am fost fericită și uimită, și am spus că nu știu, dar tot ce știu este că Dumnezeu a spus, așa că am încredere în El, și am spus doar ceea ce El mi-a spus.

Totul a fost atât de perfect; am fost cu toții fericiți acum și Cristi avea un loc de muncă. Dar problemele au început de când a început să mă întrebe dacă vreau să mă întorc la el. Nu mai puteam spune că nu este creștin. El și-a dat viața lui Hristos, așa că a vrut ca noi să începem din nou. I-am spus că nu pot fi ceea care am fost înainte deoarece m-am schimbat atât de mult. Știind cum gândește, știam că nu va înțelege prea mult cum m-am schimbat și cât de supărat putea fi dacă nu-l ascultam. El mă putea opri să fac lucrarea lui Dumnezeu și nu am vrut acest lucru. Am vrut să fim doar prieteni ca soră și frate. Chiar dacă el, se gândea că totul va fi bine, am știut că Dumnezeu mi-a spus că are un plan pentru viața mea și că Cristi nu făcea parte din el. Mi-a fost greu să stau aproape de el, deoarece îmi veneau în minte momente din timpul în care eram împreună. Când mă gândeam la momentele frumoase petrecute împreună, mi-a fost mai greu să mă controlez și eram copleșită de sentimente. L-am rugat pe Domnul să mă ajute să merg mai departe și să nu-i permit lui Cristi să mă convingă.

Într-o duminică după biserică, m-am dus să vizitez familia anterioară cu care am stat. Mi-a plăcut să mă joc cu copiii, dar am văzut că erau îngrijorați că nu vor găsi o altă bonă cu un standard atât de ridicat pentru a rămâne cu cei mici. Am văzut îngrijorarea lor și am spus că îi voi ajuta cel puțin până când vor găsi pe cineva. Am decis să mă mut înapoi, ceea ce mi-a oferit o scuză pentru a sta departe de Cristi.

După ce am făcut acest lucru, m-am bucurat cu adevărat de timpul petrecut cu familia și mi-au spus că nu cred că pot găsi pe cineva ca mine; că nimeni nu îi va iubi pe copii așa cum îi iubesc eu și au crezut pe deplin că Dumnezeu m-a adus în casa lor. Am fost atât de fericită că știau că îi iubesc profund pe copii și că am venit în casa lor pentru că Domnul m-a chemat. Mi-au spus că sunt o binecuvântare în casa lor și ne-am rugat ca Domnul să-i ajute să găsească pe altcineva ca mine. Ei au fost uimiți de modul în care am crescut atât de repede spiritual și au fost fericiți pentru sufletele pe care le-am câștigat pentru Hristos.

Fete au venit să fie intervievate pentru slujbă, iar familia mi-a cerut să mă rog ca Dumnezeu să le arate cine este fata potrivită. Niciuna dintre fete nu era potrivită, deoarece fiecare avea ceva care lipsea. A durat mai mult de trei săptămâni și încă nu s-a găsit niciuna potrivită. Apoi l-am auzit pe Domnul spunându-mi să rămân, pentru că nu-mi terminasem treaba acolo. Când am spus familiei, ei au fost atât de fericiți, mi-au crescut chiar și salariul!

Totul a fost atât de bine din nou. Din când în când eram tristă pentru că mama lui Cristi începuse să mă sune, cerându-mi să mă întorc la fiul ei. Nu știam cum să-i explic lucrurile. Am iubit-o ca pe mama mea și știam că mă iubește ca pe fiica ei, dar nu m-am putut întoarce la Cristi pentru că știam că câțiva ani mai târziu ne vom despărți din nou. Era mai bine să rămânem așa cum eram acum.

Mulți oameni din sat și chiar din familia mea nu au înțeles de ce am păstrat legătura cu ei, chiar dacă nu mai făceam parte din familie. Chiar eu nu am înțeles de ce, dar am simțit că este corect și am fost surprinsă că sentimentele de dragoste pe care le aveam pentru el ca soț s-au transformat în dragoste ca pentru un frate. Am simțit că ei sunt frații mei, în același timp copiii mei spirituali. Nu am stat cu ei, dar mă duceam la ei în fiecare vineri seara și mă întorceam duminică seara. Între timp, Cristi își cumpărase o mașină, iar eu aveam pe cine să mă ducă la biserică. Venea să mă ia vineri seara și mă aducea înapoi duminică seara.

M-am bucurat că în cele din urmă, Cristi s-a oprit să îmi ceară să mă întorc la el. După ce am stat împreună într-o sâmbătă seara și am vorbit despre Dumnezeu, Albert mi-a spus să-l întreb pe pastor dacă se va ruga lui Dumnezeu să binecuvinteze relația lui cu Elena deoarece se simțea vinovat că nu era căsătorit cu partenera sa și dorea să aibă un copil. Eram atât de fericită că Duhul Sfânt lucra deja în inima lui. Mi-a spus că vrea ca nunta să fie doar între cunoscuți, nu prea mulți oameni; că nu avea bani pentru petreceri. Când i-am spus pastorului, el a fost foarte mulțumit și mi-a spus că le vom face o surpriză și toată biserica va contribui pentru a le face nunta, care va fi prima nuntă în acea biserică. Am fost atât de fericită pentru ei și m-am angajat să fac tot posibilul în a face din aceasta un succes.

Am adunat aproximativ 1.500€: eram hotărâtă să plătesc pentru tot ce era necesar. I-am spus lui Albert că pastorul a fost de acord să facă nunta. Albert mă avertizase deja că nu are bani de nuntă, deoarece avea doar 500€. I-am spus că nu este nevoie de mai mult, trebuie doar să vină. Eram din ce în ce mai hotărâtă să fac o nuntă și să o văd pe Elena fericită în rochia ei de mireasă. Am considerat-o fetița mea. Ca o surpriză specială pentru amândoi, nu le-am spus că plănuisem să le aduc părinții la nuntă.

Din păcate, destul de mulți oameni au fost total împotrivă, deoarece ei nu au înțeles de ce trebuia să cheltuiesc banii cu ei, deoarece aceștia nu erau familia mea. Chiar și Cristi nu a înțeles. Nici eu. Dar ceea ce știam era că am simțit că trebuie să o fac, și nu am fost interesată de ceea ce alții aveau de spus. Eram convinsă că făceam ceea ce Domnul mi-a cerut să fac și eram gata să ascult și să mă supun.

Capitolul Zece

ÎNDEPĂRTÂND HAINA DE JUDECĂTOR

Totul părea atât de perfect, iar atunci satana a început să intervină pentru a încerca să fure bucuria. Dintr-o dată, fetele de la biserică care au planificat inițial totul, au început să se retragă, pentru că nu am vrut să fac nunta așa cum credeau ei că este corect. Nu au putut înțelege că în țara noastră o nuntă este diferită și nu au putut să înțeleagă sau să accepte. Au început să mă sune pe rând pentru a spune că au încetat să mai lucreze la ea, lăsându-mă să fac totul pe cont propriu. De asemenea, au sugerat că vor lua înapoi banii pentru tort; au anulat comanda pentru tort. Nu-mi venea să cred că mai era doar o săptămână până la nuntă și toți cofetarii pe care i-am sunat să facă tortul pentru nuntă mi-au spus că nu se poate, că ar fi trebuit să fie comandat cu cel puțin o lună înainte de data nunții. Apoi m-a sunat o altă fată și mi-a spus că nu mai vrea să se implice și că trebuie să caut un alt coafor.

Oriunde am sunat, mi s-a spus același lucru, că era prea târziu; că ar fi trebuit să sun mult mai devreme. O altă fată mi-a spus că renunță și să caut pe altcineva care să facă machiajul. Am fost șocată și nu știam ce se întâmplă. Nu puteam să cred că toate trăgeau înapoi cu numai o săptămână înainte de nuntă. Nu puteam să cred că chiar și surorile care erau atât de entuziaste să mă ajute; care știau că le iubesc, îmi puteau face asta. Știau că nu cunosc mulți oameni în oraș și nu aveam prea mult timp să fac toate acestea într-o săptămână, totuși m-au părăsit în ultimul moment.

Chiar și acordul cu pastorul a fost abandonat: să punem bani împreună pentru biletele părinților, deoarece am decis să le facem o surpriză. Mă întrebam din ce în ce mai mult ce se întâmplă. Ca pastor, nu mă așteptam să facă asta. În afară de toate acestea, Albert a sunat și mi-a spus să am grijă; că nu îmi putea da bani în plus. 500 € care mi i-a dat a cerut din ei înapoi pentru a-și cumpăra costumul. Mă gândeam că până și Albert începea să dea înapoi și să mă acuze că pregătesc ceva mare, când m-a avertizat că nu are bani.

Copleșită de durere și văzând că întregul meu plan de a-i face fericiți s-a prăbușit, am început să plâng și am avut tot felul de gânduri împotriva surorilor din biserică și a pastorului, pentru că nu puteam înțelege sau accepta că pot face așa ceva. Mă gândeam în mintea mea să nu mai merg la biserică; pentru că toți m-au dezamăgit. Cu cât mă gândeam mai mult la asta, cu atât mă durea mai tare și îmi veneau în minte voci care îmi spuneau să nu mai continui cu această nuntă și să nu mai merg la acea biserică. Dar, slavă Domnului, în același timp mi-a venit în minte că Dumnezeu mă vrea în acea biserică. M-am pus în genunchi și am început să întreb, *"Doamne, de ce se întâmplă toate astea? Ce era în neregulă cu mine? Am vrut să fac numai bine și acum toată lumea este împotriva mea."*

Atunci Dumnezeu mi-a spus că este bine că vreau să ajut și să fac bine, dar era greșit că am vrut să o fac fără să-L implic și fără să-I cer ajutorul. Apoi am înțeles care a fost greșeala și am spus: *"Doamne iartă-mă! Am uitat că fără Tine nu pot realiza nimic; chiar dacă este un lucru bun."*

L-am rugat pe Dumnezeu să mă ajute, nu pentru mine, ci pentru Elena pentru că nu am vrut să fie dezamăgită, mai ales că avea deja rochia de mireasă. Era atât de încântată, visând deja cu ochii deschiși. Mă durea inima că s-ar putea să o dezamăgesc și să-i spun că nu va avea loc nici o nuntă. I-am spus lui Dumnezeu că sunt gata să dau tot ce am economisit până atunci doar ca să o văd fericită. Am spus;

"Doamne, de acum încolo, las totul în mâinile Tale. Te rog să-mi pui pașii mei pe calea pe care Tu ai pregătit-o. În toate, doar voia Ta."

Plină de încredere, m-am ridicat de pe genunchi și în acel moment soția unui alt pastor (avem patru pastori în biserică) m-a sunat și mi-a spus ce auzise. Auzise și ea un zvon că era o fată care i-a convins pe toți să renunțe intenționat. Mi-a spus că nu a văzut niciodată o inimă atât de pură și iubitoare ca a mea, pentru a ajuta pe cineva așa, chiar dacă nu era din familie. Ea m-a întrebat ce am pregătit, și când i-am spus că nu am rămas cu nimic și că rămăsese doar o săptămână, ea a fost șocată, dar a promis să facă tot ce îi stă în putere să mă ajute.

În acea zi m-a sunat de fiecare dată când a rezolvat ceva și am fost uimită că în câteva ore avea deja totul pregătit și trebuia doar să plătesc. Nici măcar nu a vrut să-mi ia banii pentru benzină, doar pentru ce a cumpărat. De asemenea, a găsit o femeie care să facă tortul, un coafor, machiaj, decorațiuni la biserică, un fotograf, practic totul. Ea a fost un înger trimis la mine din cer. Ea m-a întrebat câți bani aveam în total și a făcut tot posibilul să se încadreze în bugetul pe care îl aveam.

Am fost atât de fericită că totul s-a rezolvat, dar am fost uimită de modul în care Dumnezeu a rezolvat totul în câteva ore, când am fost stresată atât de mult timp făcând totul singură. Mă gândeam la cât de minunat și ușor este când lași totul în mâna Domnului. Ceea ce mi-a umbrit fericirea a fost durerea de care nu am putut scăpa; nu am putut ierta surorile și pastorul. Dar când am văzut bucuria în ochii Elenei în momentul în care i-am dus pe părinții ei acasă, plângeam cu pastorul care îi adusese de la stația de autobuz. Emoțiile erau atât de puternice încât știam că Elena nu le va uita niciodată.

Nunta a început și nu aș fi putut fi mai fericită când am văzut-o pe Elena atât de fericită. Corina a fost, de asemenea, uimită de modul în care a intervenit Dumnezeu și de modul în care totul s-a rezolvat în doar o săptămână.

Când am ajuns în fața Bisericii, am fost surprinsă când una dintre surori, cea care dăruise rochia de mireasă, a venit la mașină și a adus un buchet de flori pentru mireasă, deși inițial refuzase să se implice. Mi-a spus că a adus și trupa pe care o contactasem, dar care a spus că nu va veni. Am fost atât de fericită că cel puțin una dintre ele s-a răzgândit.

Când am intrat în biserică și am văzut cât de frumos a fost decorată și cum a fost aranjat totul, plângeam de bucurie. Biserica era plină de oameni și am văzut că chiar și una dintre surorile care s-a retras de la aranjamente și a spus că nu va veni la nuntă, era acolo. Nunta a fost un succes. Chiar și Albert a fost surprins pentru că el se aștepta ca ei doar să vină la altar, pastorul să se roage pentru ei iar apoi să ne întoarcem acasă și să sărbătorim împreună cu familia. El a fost uimit să vadă că a fost o surpriză pentru ei și că am pregătit suficientă mâncare și băutură pentru toți oamenii din Biserică.

Nu văzusem niciodată atâta fericire în ochii cuiva. Am mulțumit Domnului pentru tot, și totul a mers conform planului Său. Am reușit, în același timp, să-i mulțumesc Domnului și soției pastorului, deși nu voia ca nimeni să știe că ea a fost cea care m-a ajutat. Ceea ce m-a impresionat cel mai mult a fost momentul în care l-am întâlnit pe șeful lui Albert și i-am spus cum m-am rugat și cum Dumnezeu mi-a ascultat rugăciunea. Când mi-a spus că a fost șocat să afle că Dumnezeu l-a folosit pentru a răspunde la rugăciunea cuiva, mi-a explicat că o voce îi tot spunea să-l angajeze pe Cristi și acesta a fost motivul pentru care l-a luat. Am fost atât de uimită de modul de lucru al lui Dumnezeu, încât nu am putut face altceva decât să dau slavă Numelui Său.

Când nunta s-a terminat, totul a revenit la normal. Părinții Elenei nu au vrut să meargă acasă, așa că Albert a încercat să găsească ceva de lucru pentru socrul său, care, la aproape o lună de la nuntă, a găsit un loc în aceeași fabrică unde lucra Albert.

Nunta a avut loc pe 7 martie, iar pe 15 martie sărbătoream Ziua Mamei în biserică. În acea zi, tot ce s-a întâmplat în biserică a fost făcut de femei, inclusiv predica. Mi-au cerut să predic și am fost încântată, deoarece dorința mea a fost întotdeauna să predic și să devin pastor. Am văzut această oportunitate ca pe un început și am acceptat-o cu mare bucurie. Subiectul a fost "Sa nu *judeci!*"

Am început să mă pregătesc și m-am rugat ca Dumnezeu să-mi dea cuvântul pe care trebuia să-l spun Bisericii pentru că voiam să fie de la El. Am fost atât de entuziasmată și, în același timp, un pic emoționată din cauza aceasta pentru că era prima dată când predicam. Credeam că sunt deja obișnuită să vorbesc în fața oamenilor și m-am bucurat că prietena mea Corina a fost de acord să vină și să traducă în limba română pentru cei care vor fi acolo. Erau mai mulți români în biserică acum pentru că părinții Elenei au început să frecventeze și ei.

În timp ce mă pregăteam pentru predică, am fost uimită să văd atât de multe revelații pe care Dumnezeu mi le dădea, chiar amintindu-mi de lucruri care s-au întâmplat în viața mea în trecut, pe care le-am folosit ca exemplu. Când am terminat și am scris totul în detaliu despre ceea ce aveam de spus, mi-am dat seama că era exact opusul a ceea ce simțeam în mine. Planificasem să spun că trebuie să iertăm, aproapele nostru chiar dacă el îți face rău și nu își cere iertare, dar mi-am dat seama că nu am putut spune asta, deoarece în inima mea era încă prezent chinul care era cauzat de surori și pastor din cauza nunții. Nu puteam ierta.

În timp ce îmi pregăteam predica, eram plină de vinovăție pentru că nu puteam să-i iert pe acești oameni. M-am așteptat la mult mai mult de la ei; mai ales din partea pastorului, deoarece știa că trebuia să fie un exemplu pentru alții. Gândindu-mă la aceste gânduri, mi-am dat seama că nu pot sta în fața oamenilor și să le vorbesc despre iertare și a nu judeca pe alții când de fapt în mintea mea aveam atâtea motive să nu iert.

Apoi am auzit vocea Domnului: *"Când te-am creat și apoi te-am chemat, nu ți-am dat haină de judecător pentru a judeca, ci am pus în tine dragostea Mea de a iubi așa cum Te iubesc."* Apoi am început să plâng, mă simțeam vinovată, Mi-am amintit cât de mult m-a iertat Domnul Isus. În acel moment, doream din toată inima să pot anula predica.

Era ultima zi înainte de predică și tot nu puteam ierta. Încă citeam ceea ce aveam de spus și era contrar a ceea ce era în inima mea. M-am simțit vinovată. Am vrut să renunț la predică pentru că am decis că nu pot merge în fața oamenilor si să le spun să ierte când eu nu puteam să iert. Mă gândeam să-l sun pe pastor să roage pe altcineva să predice pentru că nu puteam, dar știam că era prea târziu pentru că mai era doar o zi până la ziua Mamei. M-am gândit că nu mi-ar plăcea ca cineva să-mi spună că trebuie să predic cu un preaviz de o zi.

Deveneam din ce în ce mai confuză. Nu știam ce să fac și am căzut în genunchi în disperare, cerându-i lui Dumnezeu să mă ajute. În timp ce mă rugam în genunchi, am început să văd un film în fața ochilor mei; imagini din trecutul meu. Mă uitam la momente de când eram la școală. Eram cu nepotul meu în aceeași clasă și îl ajutam la matematică. Mie îmi era ușor, dar pentru el, a fost foarte greu de înțeles. Mi-am amintit anii trecuți când a fost mai bun decât mine la istorie; el a fost cel care m-a ajutat. Apoi am văzut cum mama mea a fost cea care m-a ajutat cu compunerile. Nu am putut înțelege cum să o fac, așa că le-a compus ea; le-a scris pe o foaie, iar eu le-am copiat. La școală, am fost felicitată, dar de fapt știam că nu eu le-am făcut.

Apoi l-am văzut pe fratele meu mai mare care era cu șase ani mai mare decât mine. El a continuat să fie repetent și copiii râdeau de el. Chiar și mama spunea că mai avea un an și îl depășeam. Dacă ar mai repeta un an, el trebuia să fie cu mine în clasă. În acel an, fratele meu a renunțat la școală și nu a vrut să meargă mai departe.

Apoi am văzut cum bisericile se închideau. Majoritatea membrilor bisericii plecau pentru că spuneau că pastorul a greșit într-un fel sau altul.

Nu am înțeles toate acestea și m-am rugat, *"Doamne nu înțeleg ce spui, nu înțeleg ce legătură au toate acestea cu ceea ce mă confrunt acum; și în următoarea secundă în mintea mea s-a creat o comparație între ceea ce se întâmpla acum și ceea ce văzusem din copilărie."*

Ceea ce văzusem despre mine și nepotul meu m-a făcut să înțeleg ceva. Surorile mele în Isus m-au dezamăgit. Aceasta a fost o comparație pentru a înțelege că la fel ca la școală, nu am fost atât de bună la toate și am avut probleme la alte discipline, dar nepotul meu era fost bun la materiile la care eram slabă și el a fost slab la disciplinele la care eram bună. Acest lucru ilustrează faptul că în viața spirituală, nu toți avem aceleași slăbiciuni sau aceleași puncte forte, chiar dacă mergem la aceeași biserică. Dumnezeu mi-a spus că așa cum mă iubește, îi iubește și pe ei și nu ar trebui să-i judec pentru că atunci când m-a creat, El nu mi-a dat haină de judecător. El este singurul care judecă. Trebuie să fiu înțelegătoare și să le arăt dragostea chiar dacă m-au nedreptățit pentru că greșesc în alte domenii și totuși El încă mă iartă și mă iubește. Apoi mi-a venit în minte, versetele din Matei 7:1-5, *"Nu judecați, ca să nu fiți judecați. Căci cu ce judecată judecați veți fi judecați; și cu ce măsură măsurați vi se va măsura. De ce vezi tu paiul din ochiul fratelui tău și nu te uiți cu băgare de seamă la bârna din ochiul tău? Sau, cum poți zice fratelui tău: „Lasă-mă să scot paiul din ochiul tău", și, când colo, tu ai o bârnă în al tău? Fățarnicule, scoate întâi bârna din ochiul tău, și atunci vei vedea deslușit să scoți paiul din ochiul fratelui tău.."*

Acum am înțeles consecințele judecării cuiva. Întrucât fratele meu repetase câțiva ani de școală, avea nevoie de ajutor, dar, în schimb, a primit doar descurajare chiar și din partea celor dragi, apropiați. Era convins că nu va trece niciodată clasa și a decis să părăsească școala, ceea ce însemna că nu avea acces la un loc de muncă mai bun.

În mod asemănător, dacă îl judecăm pe fratele nostru, îl putem ucide din punct de vedere spiritual. Cum adică? În momentul în care judecăm un frate, nu numai că îl dăm deoparte, dar diavolul în mintea lui îl acuză și îl face să se simtă vinovat și rușinat. El poate renunța la biserică, iar apoi va pierde un mediu în care Dumnezeu îl poate crește spiritual. Trebuie să-l încurajăm, să-l sprijinim, să mijlocim în rugăciune pentru el; atunci cu curaj, el se va ridica și va continua pe calea lui Dumnezeu pregătită pentru el.

Despre dărâmarea bisericilor, El mi-a explicat că diavolul luptă din greu pentru a distruge bisericile și de aceea atacă lucrătorii, pastorii etc. pentru că știe că dacă pastorul cade, unii oameni vor părăsi biserica. Mi-a venit în minte un proverb din România. Acolo spunem, „*Peștele începe să miroase de la cap.*" Apoi mi-am dat seama ce se întâmplase cu acele biserici împrăștiate. Dumnezeu mi-a arătat că nu ar trebui să judecăm un pastor, prin faptul că mi-a adus aminte de versetul din 1 Samuel 24:6; "*Și a zis oamenilor săi: "Să mă ferească Domnul să fac împotriva domnului meu, care este unsul Domnului, o așa faptă ca să pun mâna pe el! Căci el este unsul Domnului."* De asemenea, în 1 Samuel 26:9; "*Dar David a zis lui Abișai: "Nu-l omorî! Căci cine ar putea pune mâna pe unsul Domnului și să rămână nepedepsit?"*

Domnul mi-a spus că, dimpotrivă, ar trebui să ne rugăm pentru conducătorii sau pastorii noștri ca Dumnezeu să le dea putere și statornicie în credință pentru a depăși și de a fi învingători în tot ceea ce diavolul pune înaintea lor; să proclame că sunt învingătorii în tot ceea ce fac în Isus Hristos, Domnul nostru.

Mi-a fost atât de rușine, l-am rugat pe Domnul să mă ierte pentru că judec și am fost uimită de cât de răbdător a fost Dumnezeu cu mine; cât de dulce a fost mustrarea lui față de mine și de modul minunat în care mi-a explicat totul pentru a putea înțelege la nivelul meu. Am fost atât de fericită și i-am mulțumit Domnului pentru tot ceea ce am trecut cu nunta; pentru că numai așa puteam avea această revelație și să înțeleg cum vrea Domnul meu să fiu. Plângeam de bucurie și mă minunam de cât de minunat era Domnul meu.

Acum era mult mai ușor să trec prin toate. Domnul a vindecat durerea din sufletul meu. A fost un cuvânt hotărât de predicat și, cu tot ceea ce Dumnezeu m-a învățat, m-am schimbat, din cauza predicii pe care am pregătit-o. Puteam să privesc în ochii celor care m-au rănit cu dragoste, fără resentimente. Am fost fericită că datorită lor am avut acea revelație și mi-a schimbat gândirea. Am primit și o predică de la Domnul, care a ajuns la multe suflete în acea zi în biserică. Fetele au venit, la rândul lor, să ceară iertare și au fost surprinse să vadă că am uitat atât de repede și le-am primit cu căldură. Eram atât de fericită că satan fusese biruit. Am avut o victorie pentru cauză. Am avut o biruință, Domnul meu mi-a dat biruința. Aleluia! Lăudat să-I fie Numele!

Acesta a fost mesajul pe care l-am transmis în acea zi...

SĂ NU JUDECI!

Am primit acest mesaj în mijlocul pregătirilor pentru nunta Elenei și a lui Albert. Prin toate provocările și încercările, Dumnezeu mi-a dat acest mesaj mai întâi pentru a mă învăța și apoi pentru a-i ajuta pe alții din Biserică.

Matei 7:1-5...
"Nu judecați, ca să nu fiți judecați. Căci cu ce judecată judecați veți fi judecați; și cu ce măsură măsurați vi se va măsura. De ce vezi tu paiul din ochiul fratelui tău și nu te uiți cu băgare de seamă la bârna din ochiul tău? Sau, cum poți zice fratelui tău: „Lasă-mă să scot paiul din ochiul tău", și, când colo, tu ai o bârnă în al tău?... Fățarnicule, scoate întâi

bârna din ochiul tău, și atunci vei vedea deslușit să scoți paiul din ochiul fratelui tău."

Dacă ne uităm în Scriptură, putem vedea că Isus ne dă o nouă poruncă: Să nu-l judecăm pe fratele nostru.

Dacă ne uităm la oamenii din jurul nostru, vedem că toată lumea are caractere diferite, slăbiciuni diferite. Cel rău ne cunoaște pe fiecare dintre noi, unde suntem puternici și unde suntem slabi. El ne va ataca întotdeauna în slăbiciunile noastre, știind că putem fi înșelați dacă nu suntem conduși de Duhul Sfânt.

El nu va veni niciodată la mine să mă înșele să beau alcool sau să fumez, deoarece nu am făcut nimic din toate acestea înainte de a-mi da viața lui Hristos. Dar pentru cineva care a făcut toate aceste lucruri înainte, ar fi ușor pentru ei să fie înșelați. Dacă cineva are un temperament iute, cel rău va provoca acea persoană să se înfurie și să acționeze la furie, deoarece poate fi foarte dificil pentru ei să-și controleze furia.

Putem observa prin exemple, că într-o zonă în care unii dintre noi sunt puternici, oameni diferiți sunt slabi; și în același mod, în zonele în care suntem slabi, unii sunt puternici.

Îmi amintesc că atunci când eram la școală îmi era ușor să învăț la matematică, dar pentru o altă persoană din clasa mea am observat că era dificil și avea nevoie de mai mult ajutor. În același fel, pentru alții lecțiile la istorie erau ușoare, dar pentru mine... erau dificile, eu eram cea care avea nevoie de ajutor.

De aceea nu ar trebui să ne judecăm fratele sau sora, deoarece fiecare dintre noi are propria lui problemă și propria noastră luptă. Nu știm niciodată dacă acest frate sau soră îi cere lui Dumnezeu să-i ajute să depășească această slăbiciune.

Ce se întâmplă dacă judeci pe cineva?

1. În primul rând, nu te supui lui Dumnezeu.

2. În al doilea rând, vei permite chinuitorului să îți acceseze mintea creând o minte lipsită de pace și odihnă.

3. În al treilea rând, în momentul în care judeci pe cineva, pronunți moartea asupra lui, fără să realizezi că ceea ce semeni este ceea ce culegi... pronunțând de fapt moartea asupra ta și a ceea ce deții.

Vreau să spun o poveste despre ce s-a întâmplat în familia mea cu fratele meu mai mare. Pentru el, îi era foarte greu să înțeleagă matematica și fizica și din această cauză, a repetat aceeași clasă de cinci ori. El a fost cu șase ani mai în vârstă decât mine, iar acest lucru însemna un eșec de fiecare dată când se întorcea înapoi în clasa de anul precedent. Toți copiii râdeau de el și chiar mama l-a criticat. Fiind jenat, a renunțat la școală în acel an. El regretă că a renunțat la școală deoarece îi este foarte dificil să obțină un loc de muncă bun.

În același fel, când ne judecăm fratele sau sora, nu ne dăm seama că pentru ei va fi greu să avanseze, iar cel rău poate veni cu tot felul de gânduri în mintea lor, acuzându-i spunând: *"nu vei putea niciodată să îndrepți lucrurile"*, *"nu vei putea niciodată să te schimbi"*, *"Dumnezeu nu te va ierta din nou"*, *"nu ești vrednic să fii numit copil al lui Dumnezeu."* Din această cauză, ei vor renunța la biserică și la tot ceea ce are legătură cu Dumnezeu. Ei vor muri spiritual. Asta mi s-a întâmplat. Satana m-a ținut în robie timp de 20 de ani. Dar Dumnezeu m-a scăpat și eu sunt aici acum, înapoi prin Harul Său. Deci, în acest fel putem ucide pe cineva spiritual și Dumnezeu ne va considera responsabili pentru sufletul lor. Nu ni se va cere să dăm socoteală înaintea lui Dumnezeu pentru ceea ce a făcut un frate sau o soră, ci pentru ceea ce tu și cu mine am făcut altora. Dumnezeu ne judecă individual.

În Romani 2:1 *"Așadar, omule, oricine ai fi tu, care judeci pe altul, nu te poți dezvinovăți; căci prin faptul că judeci pe altul, te osândești singur; fiindcă tu, care judeci pe altul, faci aceleași lucruri."* Vedem că Dumnezeu îl acuză pe cel care judecă pentru că face aceleași lucruri.

Vreau să te gândești cum în instanță judecătorul decide cu privire la dovezile din fața lui și consideră că ești judecat de Dumnezeul atotvăzător și atotștiutor... nu putem ascunde nimic. Totuși, plata păcatului va fi moartea.

Cum să faci față greșelilor...

Cuvântul lui Dumnezeu ne învață că suntem chemați să luptăm împotriva răului, dar nu cu carne și sânge, ci cu noi cedând Duhului Sfânt până când Isus se întoarce sau mergem să-L întâlnim.

Dacă trăiești în această lume, la un moment dat cineva îți va greși și din păcate... chiar și noi înșine vom greși cuiva în viață. Acest lucru ar putea fi făcut accidental sau intenționat; există o mare diferență.

Dar ce ar trebui să facem când răul a fost făcut împotriva noastră sau ce ar trebui să facem dacă un lider/pastor este văzut că face rău și totuși ni se spune... să nu judecăm?

De exemplu, dacă cineva fură sau are o aventură, fie că se află într-un birou al unui pastor sau nu, înseamnă oare faptul că ni se spune „nu judeca", să îi permitem să scape de faptele rele pe care le fac?

Biblia ne spune când vedem pe cineva care face rău că trebuie să ne apropiem de el în dragoste și să le împărtășim nevoia de a-și schimba căile. Ascultă cu atenție... înainte de a face acest lucru, asigura-te că te-ai verificat, că nu greșești și tu. Motivul pentru care corectăm copiii este că îi iubim, nu pentru că îi urâm.

Împărtășește-le prin dragostea lui Dumnezeu că ceea ce fac ei va crea probabil un rezultat diferit de ceea ce așteaptă. Că o aventură, la un moment dat, va ieși la lumină și, făcând acest lucru, îți va distruge căsnicia și cercul familiei. Ceea ce ai plănuit în mintea ta pentru familia ta ... nepoții care se apropie, tu îmbătrânind, familia care te sărbătorește, poate fi acum sacrificat. Hoțul fiind prins... închisoare, pierderea unui loc de muncă, chiar pierderea unei cariere.
Păstrează persoana în rugăciune și nu bârfi. Când ei nu te ascultă, atunci trebuie să împărtășești întâmplarea cu liderii bisericii; ei, în înțelepciunea lor, vor ști cum să o abordeze și, de asemenea, te vor păstra drept, astfel încât judecata nu va sta în inima ta.

Fiecare dintre noi poate cădea, fiecare dintre noi poate eșua, doar prin harul lui Dumnezeu umblăm și, prin aceasta, trebuie să acordăm Har.

În țara mea avem un proverb: peștele începe să miroase de la cap.

Fie că acceptăm acel proverb ca fiind pastorul „capul" sau acceptăm că este mintea noastră „capul", trebuie să fim mereu atenți. Totul începe cu capul și se termină în inimă.

În concluzie, trebuie să ne amintim că fiecare dintre noi are o luptă în funcție de slăbiciunile noastre și trebuie să ne sprijinim reciproc și să mijlocim în rugăciune unul pentru celălalt.

Capitolul Unsprezece

EXTINDEREA BISERICII

Găsisem un alt loc de muncă în oraș și aranjasem cu o soră dintr-o altă biserică să mă mut cu ea, deoarece ea era singura care avea un apartament cu două dormitoare. Am fost hotărâtă să mă mut, bucuroasă că totul a fost aranjat. Trebuia doar să iau decizia.

Am fost fericită să încep o pagină nouă în viața mea, liberă să fac ceea ce îmi doream, dar, în același timp, nu eram sigură dacă era timpul să plec. M-am așezat în genunchi și am spus: „Mulțumesc pentru tot ce mi-ai dat; mulțumesc pentru noua slujbă, dar te rog Doamne, fă-mă să înțeleg clar dacă aceasta este voia Ta și dacă face parte din planul Tău pentru mine."

Din nou tăcere: nici un răspuns. Nu știam ce să fac. Șeful de la magazinul unde urma să lucru m-a sunat să-i spun ce am decis. Fata la care trebuia să mă mut m-a sunat și a întrebat dacă eu sunt sigură pentru că era o altă fată care dorea să se mute cu ea. Eram presată din toate părțile. În mintea mea erau tot felul de voci care îmi spuneau să nu ratez o astfel de oportunitate.

Am dat drumul la televizor să ascult niște cântece creștine, iar prima piesă a fost a Mariei Cuc; *"Dar ce voi spune?/ care spunea așa?"*
"Aș vrea să număr clipele ,dar timpul trece-n grabă

Minute ce-au trecut s-au irosit,
Am spus că sunt al lui Hristos, dar Domnul încă așteaptă
Să fiu a Lui cu totul dăruit,
Și câte Doamne nu Ți-am spus,
Și câte nu Ți-am promis?,
Dar ce voi spune când pe nori
Tu vei veni în slavă învelit
Am fost un laș și am fugit.
Mereu m-ai binecuvântat, și totuși doar la mine m-am gândit
te-Și te-am uitat și m-am ferit
O lume întreagă tânjește după speranță,
Dar cine le-o v-a oferi?
Cum pot să stau nepăsător
Când eu am primit viața?
Când alții mor, cum pot fi fericit?
/ Dar ce voi spune când în nori vei veni în slavă învelit
Am fost un laș și am fugit.
Tu ne iubești la fel pe toți, la cruce ne-ai dovedit.
Aș vrea să spun când vei-veni
Că am făcut ce-a trebuit să fac
Aș vrea să-mi spui când vei veni
Că am făcut ce-a trebuit să fac
O Doamne vreau să-ți fiu pe plac

Apoi am pus predicile în limba română și l-am ascultat pe Florin Ianovoci, când vorbea prin câte a trecut; cum l-au renegat părinții pentru că devenise creștin; cum se rugase și postise un an cu soția pentru un copil și apoi Domnul le-a dăruit o fetiță. Cu toate acestea, au avut un accident când fata avea doar opt luni; și ea a murit. Am început să plâng, simțindu-mă atât de vinovată și l-am rugat pe Domnul să mă ierte pentru că m-am plâns de o problemă atât de minoră. Alții au trecut prin încercări grele și continuă să facă ceea ce cere El. Versurile cântecului mi-au venit în minte: am simțit că fug de problemă.

Acum eram sigură că am răspunsul și l-am sunat imediat pe managerul magazinului să-i spun că nu voi merge. Apoi, am sunat-o pe fata la care urma să mă mut. I-am spus că nu voi merge. I-am promis Domnului că nu voi pleca până când nu se va realiza totul în ceea ce voia El să facă.

Angajamentul din inima mea de a rămâne, a dat o împlinire mai mare scopului. În plus, aș fi ratat ocazia de a auzi cum Dumnezeu a lucrat totul pentru mine în legătură cu mutarea mea în Irlanda. Familia mi-a spus că înainte de a veni, s-au rugat Domnului să-i ajute, să trimită o femeie bună. Când au auzit că vine o femeie din România, le-au spus prietenilor lor și le-au sugerat să fie atenți cu mine, pentru că românii sunt renumiți pentru furt; dar au spus că o voce le spunea clar să mă ia. Am ascultat cu lacrimi care îmi curgeau pe obraji, întrebându-mă cum Dumnezeu a pregătit totul pentru mine. Conectam cu ceea ce prietena mea Corina mi-a relatat că Dumnezeu i-a spus, care a rezultat într-o chemare pentru mine în Irlanda; cum a deschis computerul și a apărut mesajul în fața ei și că această familie cerea o bonă. Dumnezeu i-a spus Corinei să scrie mesajul că are pe cineva și dacă ar fi interesați să o sune înapoi; ceea ce au și făcut.

Toată lumea a fost uimită de toate acestea. Nu am împărtășit detaliile cu ei, nici ei cu mine. Mi-au spus că încă mai au e-mailuri de la fete care și-au trimis detaliile din diverse locuri și care știau engleza; dar cumva, știau doar că trebuie să mă aleagă pe mine. Mi-au spus că sunt atât de fericiți acum că au făcut această alegere. Eram fericită în același timp că nu plecasem; în caz contrar, nu aș mai fi avut această bucurie, deoarece familia și-a dat seama că sunt o binecuvântare de la Domnul în casa lor, așa cum au fost ei pentru mine.

De atunci totul a fost minunat. În fiecare dimineață, înainte de muncă, ne rugam împreună. Seara, înainte de culcare, studiam Biblia și ne rugam împreună. A fost atâta pace și binecuvântare. A fost o viață fericită; m-am simțit ca și cum aș fi fost în cer. A existat o armonie atât de plăcută în casă; ne rugam întotdeauna împotriva spiritului de confuzie, astfel încât acesta să nu poată intra între noi; am refuzat să acceptăm orice dezacord sau neînțelegere între noi.

Familia m-a ajutat cu adevărat și m-a dus să-mi deschid un cont în bancă pentru a putea economisi. O dată ce am început să cunosc mai bine engleza, am putut învăța să conduc, astfel încât să nu mai trebuiască să depind de nimeni, iar în contul de economii plănuiam să strâng bani să cumpăr o mașină. În curând am primit un CD pentru a învăța teoria pentru testul de conducere. A fost atât de uimitor încât am fost gata să dau testul după doar trei săptămâni. Familia m-a încurajat și mi-au spus că sunt siguri că voi trece de prima dată.

Am programat examenul și era loc liber într-o marți. Am avut un studiu biblic în acea zi, dar mi-am propus să ajung cu o jumătate de oră mai devreme pentru a fi sigur că nu întârzii. În autobuzul spre centrul de examen, am sunat-o pe prietena mea Corina și am rugat-o să se roage pentru mine, deoarece îmi era frică. Doamna din fața mea s-a întors și mi-a spus în română să nu-mi fie frică! Din conversație, și-a dat seama că eram creștină și că un creștin nu trebuie să se teamă pentru că frica nu vine de la Domnul. Am vorbit cu ea și mi-a spus că mergea la o biserică, dar nu înțelegea limba engleză. Am fost mulțumită de acest răspuns de la Dumnezeu și am invitat-o la biserica noastră, explicându-i că traduc predicile în limba română. Mi-a spus că nu vrea să se mute de la o biserică la alta. I-am spus că nu trebuia să mute, doar să vină în vizită și să pună lucrul acesta înaintea Domnului și Domnul o va călăuzi. Ne-am rugat împreună împotriva spiritului de frică și am proclamat victoria în Numele Lui. Am terminat rugăciunea și m-am bucurat că am invitat pe cineva la biserică care va putea înțelege, am uitat de frică și de toate emoțiile.

Ajunsă la centrul de examinare, omul de la recepție a văzut că am ajuns cu o jumătate de oră mai devreme și m-a întrebat dacă vreau să intru în examenul anterior, deoarece erau locuri goale. Am acceptat fericită, am luat examenul pe computer și am văzut că sunt aceleași teste pe care le făceam acasă. Eram atât de sigură de răspunsuri încât nu aveam nevoie să citesc întrebările. Examinatorul m-a chemat și m-a felicitat că am trecut examenul și mi-a arătat că am greșit doar o întrebare din 40. El mi-a dat instrucțiuni cu privire la modul de a aplica pentru un permis de conducere.

Am fost atât de fericită că am trecut examenul și am sunat imediat familia pentru a le da vestea bună! Erau atât de mândri de mine, spunându-mi că ei erau siguri că voi trece. Terminasem atât de repede încât am ajuns la timp pentru a ajunge la biserică.

În acea noapte de vineri am văzut femeia pe care am întâlnit-o în autobuz la biserică cu prietena ei și erau atât de fericite. S-au bucurat că sunt români în biserică și că pot vorbi cu ei. Le-am spus că mă aștept să vină mai mulți români din familie care sunt și ei încântați de biserică. Unchiul lui Cristi a găsit de lucru, iar acum așteptam să vină familia soției sale, două fete și ginerele lor. Așteptând, plini de bucurie pentru atâtea suflete care vor auzi despre Isus, am mulțumit Domnului pentru ele, iar apoi am auzit o voce care îmi spunea că trebuie să aibă Biblii în limba română. Am întâmpinat tot felul de dificultăți când am încercat să comand online Biblii în limba română. Toată lumea mi-a spus că nu pot fi trimise în Irlanda. I-am spus pastorului cu ce mă confrunt și m-a întrebat dacă m-am rugat pentru asta? El a spus, *"Crezi că diavolul ar fi liniștit să te lase să aduci Biblii?"* Apoi am înțeles care era problema și, astfel, în acea noapte, în timp ce ne rugam, am cerut cu toții ruperea oricărei bariere împotriva aducerii Bibliilor în Irlanda.

Când am vorbit cu Alina la telefon și mi-a spus că se pregătește să vină, Domnul mi-a spus să-i spun să cumpere Biblii și să le aducă cu ea. Ea a fost de acord și mi-a spus că ea avea o prietenă la o librărie creștină. M-am dus imediat și am luat banii pe care i-am pus deoparte în bancă pentru a cumpăra mașina și i-am trimis pentru a plăti bibliile. Am putut cumpăra 30 de Biblii. Am fost atât de fericită încât nu puteam să exprim în cuvinte! Când Alina a ajuns la securitate pentru a urca în avion, au spus că avea prea mult în bagaj și trebuie să renunțe la Biblii. Dacă nu, nu putea să urce în avion. Mi-a spus că nu poate face asta și și-a scos hainele și mâncarea pe care se pregătea să o aducă, dar nu a lăsat nicio Biblie în urmă. Plângeam și mă gândeam cât de important este pui totul înaintea Domnului și să lași totul în mâna Lui.

Duminică, cu toți românii din Biserică deja, jumătate din scaunele din Biserică erau români și fiecare avea câte o Biblie în limba română. Când eram în față și traduceam, era o bucurie în inima mea să văd că sunt atâția români în biserică. Miracolul că vorbeam și înțelegeam limba engleză, a fost folosit pentru a mă face un traducător pentru ei.

Într-o zi pastorul i-a rugat pe toți românii să stea în picioare în timp ce ne număra. Erau 29! Întreaga Biserică se bucura, iar noi ne bucuram în același timp de căldura cu care ne primeau. Ne-am bucurat să vedem că atunci când ești în Hristos, nimeni nu ia în considerare naționalitatea sau limba vorbită. Ei au decis să facă un studiu biblic în limba română. Totul a fost atât de minunat și nu am avut suficiente cuvinte pentru a-i mulțumi Domnului pentru modul în care lucra în viața mea și cum am putut vedea scopul și modul în care voia să mă folosească.

Capitolul Doisprezece
SALAM ȘI PATRU ROȘII

Odată cu trecerea timpului, eram din ce în ce mai mulțumită de prezența constantă a lui Dumnezeu în viața mea. Mă minunam de tot ce se întâmpla în jurul meu. Întâlneam din ce în ce mai mulți români și nu aveam cum să scap din a le spune despre Dumnezeu și cum Îi iubea atât de mult.

În fiecare weekend vizitam satul in care locuiau prietenii mei Mergeam acolo și mă întâlneam cu prietenii mei și nu am ratat nici o ocazie de a evangheliza. Prietenii lor au început să vină la biserică. Am rămas uimită că nu știam că sunt atât de mulți români în Irlanda. Am început să văd rodul semnței pe care am semănat-o: dorința de a ajuta pe alții în nevoie.

Într-o zi, o prietenă din satul fratelui meu m-a sunat și mi-a spus că are nevoie de ajutorul meu pentru că nu cunoștea pe nimeni altcineva în Irlanda. Mi-a spus că fratele ei și un prieten au plecat în Irlanda pentru a lucra la o spălătorie auto și nu au fost plătiți. Evacuați din casă, nu aveau suficienți bani pentru transport. Mă întreba dacă puteam să-i ajut cumva. Mi-am amintit ce mi s-a întâmplat cu ani în urmă, după o ceartă cu prietenul meu, Cristi.

Am vrut să merg în Irlanda pentru a fi cât mai departe de el. Am aflat că acolo era o femeie,din Curtici, satul fratelui meu, care avea nevoie de oameni pentru a lucra în spălătoria lor auto. Cristi mi-a spus să nu merg pentru că nu o cunoșteam pe femeie și nu trebuia să am încredere în "etnia romă" (țiganii români). El a avut experiență cu ceea ce fac. Nu l-am ascultat, spunându-i că a spus că este creștină și că pot avea încredere în ea. Mă gândeam că voi avea șansa să merg duminică cu ei la biserică. I-am spus că plecam pentru că doream să mă mut departe. Cristi era preocupat de siguranța mea, așa că a decis să călătorească cu mine. Și, am mers în Irlanda cu autocarul, și pe drum, el a spus că a avut un sentiment rău despre asta. Dar eram hotărâtă să merg.

Când am ajuns în Dublin, în timp ce așteptam ca ginerele femeii să vină să ne ia, un bărbat care plângea a venit în autobuz și i-a implorat pe șoferi să-l ducă acasă. Avea o slujbă la romii români la cules de mere, dar după trei luni de muncă, când a cerut bani pe salariu pentru a-i trimite acasă familiei, l-au evacuat din casă și nu i-au dat niciun ban, profitând de faptul că nu știa limba engleză și nu putea merge la poliție.

Auzind asta, Cristi era furios. Era îngrijorat că același lucru ni se va întâmpla și nouă. A început să dea vina pe mine că l-am adus în această situație, dar a început să se calmeze când și-a dat seama că nu mergem în același loc din care venea acest om.

Ginerele femeii a venit după noi și ne-a luat cu el pentru a face o călătorie de patru ore cu mașina de la Dublin. El ne-a spus că vom sta cu socrii lui în Ballybofey, și vom lucra în spălătoria auto din Strabane.

După o săptămână de muncă în ploaie de dimineață până seara, mi-a dat un pachet de șuncă feliată și un pachet de unt pentru a face sandvișuri pentru cinci persoane și mi-a spus să-l împart, astfel încât să îmi ajungă toată săptămâna pentru toată lumea. Munca s-a terminat la 6 p.m. și ajungeam acasă la 7 p.m. sau, uneori, 8 p.m.. El îmi dădea cartofi și pulpe de pui pentru a le prăji pentru toți, dar mi-au dat numai o tigaie mică. Le-am spus să-mi dea banii pe care i-am câștigat în aproape 4 săptămâni de muncă să cumpăr niște supă. A trebuit să facem supă pentru că nu puteam mânca același lucru în fiecare zi. A început să ne deranjeze stomacul de la atâta uscăciune. I-am spus că am înțeles de acasă că ne dă mâncare gătită o dată pe zi, nu să mâncăm același lucru în fiecare zi, și nu era înțelegerea că să-mi dea două felii de șuncă zilnic. Apoi femeia s-a supărat și mi-a spus că nu m-a adus în Irlanda să-mi dea mâncare, să mă îngraș ca un porc; că nu are timp să gătească pentru noi și trebuia să fiu fericită că ne dă mâncare. Cristi era foarte supărat și, de asemenea, a început să se certe cu mine, reproșându-mi că din cauza mea a ajuns în această situație. Nu știam ce să fac și le-am spus să ne pregătească banii ca să putem pleca săptămâna viitoare. Apoi s-au supărat și ne-au spus să ne pregătim a doua zi dimineață, ne dădea banii și puteam pleca. După ce am ieșit din cameră, și-a trimis fiul să mă cheme. Când am ajuns la ei, el a sugerat că nu ar trebui să plec pentru că mă plăceau și să-l las doar pe Cristi să plece. I-am spus atunci că nu pot suporta că mă mințea. Am crezut că voi putea merge duminică la biserică. Se certau cu mine și mi-au spus că nu m-au adus în Irlanda pentru a merge la biserică, ci pentru a face bani pentru ei. Le-am spus că nu și-au ținut cuvântul în ceea ce privește mâncarea și nu am vrut să mai am de-a face cu romii niciodată. Am ajuns în cameră și i-am spus lui Cristi ce mi-au spus. Și el s-a supărat și s-a certat cu mine până la punctul în care mi-a fost teamă că mă va lovi, spunându-mi că totul este din vina mea.

În dimineața următoare, când ne-am dus să ne luăm banii, a început o dispută mai mare. Nu a vrut să ne dea mai mult de 100 € pentru amândoi. Ea a dedus bani din salariile noastre pentru transport, chirie și mâncare. Nu ne venea să credem ce am auzit, știind că am înțeles că acestea erau incluse în salariu. Știam că nu plăteau chiria, deoarece casa era plătită de serviciile sociale. Am acceptat, doar ca să putem pleca și ne-au dus la autobuz pentru a fi siguri că nu mergeam la poliție, chiar dacă spălătoria auto era chiar lângă stația de autobuz. Acea lună a fost un coșmar pentru mine. În mine s-a născut o ură pentru romi pe care nu o puteam exprima în cuvinte.

Am ajuns în Dublin și de acolo am căutat unde puteam găsi un autobuz care să meargă în România. Am găsit unul, dar pleca sâmbătă, așa că trebuia să mai așteptăm încă trei zile. Am fost speriată; Cristi era supărat, el m-a acuzat în continuu și mi-a spus să mergem la poliție pentru a cere un traducător și pentru a le spune totul. I-am spus că nu pot merge; îi lăsăm în mâna Domnului, și El va avea grijă de ei. S-a înfuriat și mai tare, certându-mă mai departe. Atunci Cristi și-a amintit că avea o prietenă care locuia în Dublin și a sunat-o să-i spună ce s-a întâmplat. El a întrebat dacă puteam sta trei zile la ea până când ne duceam acasă. Ne-a acceptat și așa am cunoscut-o pe Corina, care apoi mi-a devenit cea mai bună prietenă.

Din cauza întâmplărilor prin care am trecut, eram hotărâtă să-i ajut pe acești tipi cu orice preț. I-am sunat pe Albert și Cristi și le-am explicat situația și au fost bucuroși să ne ajute. S-au bucurat că pot ajuta pe cineva la fel cum au fost ajutați. Toți am pus bani împreună pentru a le cumpăra biletele și, de asemenea, le-am cumpărat mâncare pentru a mânca în autobuz. A fost o zi de joi când au ajuns în Killarney și le-am explicat la telefon cum să ajungă la casa prietenului meu. Nu i-am putut lua deoarece lucram. Le-am spus că soția lui Albert îi va aștepta în stația de autobuz. Eram mulțumită că totul s-a rezolvat și am sunat-o pe prietena mea din România să-i spun că au ajuns și că le-am rezervat un loc în autobuz pentru săptămâna viitoare.

Veneau cu noi la biserică vineri și duminică și, chiar dacă nu spuneau nimic, eram fericită că o sămânță a fost semănată în inima lor. Lacrimile mele au început să curgă când mi-au spus cât au fost de speriați. Când au văzut un loc cald cu cineva în care să aibă încredere, am fost pentru ei ca un înger din cer, pe care Dumnezeu l-a trimis să-i ajute. Mi-au spus că au căzut în genunchi mulțumindu-i lui Dumnezeu.

De asemenea, am fost foarte mulțumită că i-am putut ajuta pe acești oameni, dar, în același timp, ura pentru Romi creștea în mine.

S-a întâmplat din nou când m-am întors pentru prima dată în România. Când m-am întors cu autobuzul, stăteam lângă un bărbat care era foarte liniștit; mai exact, părea speriat. Mă întrebam ce se întâmplă cu el și am început să mă rog pentru el. Atunci Domnul mi-a arătat într-o viziune că el și cei cu care era vor avea probleme și se aflau într-o situație similară ca mine cu romii.

Nu știam ce să spun. Nu știam cum să vorbesc cu el, dar la un moment dat autobuzul s-a oprit și am mers într-o zonă de parcare pentru a mânca. Am văzut acolo că nu au mâncat și, din discuția lor, am auzit că erau îngrijorați pentru că nimeni nu a venit să le aducă mâncare. Am terminat de mâncat, și apoi am văzut un Rom care le-a adus ceva de mâncare. S-au certat cu privire la faptul că a venit atât de târziu și i-au făcut să-l aștepte. Romul le-a dat mâncarea pe care o avea în plasă. Era o jumătate de pâine feliată, un baton de salam și patru roșii. El le-a spus să mănânce cu grijă, deoarece aceasta era toată mâncarea pe care o aveau până când ajungeau. M-am enervat, realizând că vin să lucreze pentru el. Am luat legătura cu ei și au confirmat că vor lucra pentru el. Ei au spus că le-a cerut să lucreze în spălătoria lui auto și a făcut o mulțime de promisiuni. Asta m-a înfuriat. Nu am vrut să-i sperii, dar le-am spus; *"Nu vreau să vă sperii, dar cred că nu vor respecta promisiunile și veți avea probleme cu asta"*, și le-am dat numărul meu de telefon spunându-le să dea doar un bip și îi voi suna înapoi, dacă au nevoie de ajutor de orice fel, de exemplu cu traducerea.

Trei săptămâni mai târziu, m-au sunat și mi-au spus că tot ce am spus este adevărat, că sunt în secția de poliție și dacă doream să vin pentru a traduce pentru ei? Am fost încântată că i-am putut ajuta. După un timp, m-au sunat înapoi să-mi mulțumească și mi-a spus că unul dintre ei a plecat acasă, poliția plătindu-i biletul. Poliția, împreună cu serviciile sociale, l-au ajutat și pe celălalt tip să completeze formularele necesare și i-au oferit cazare la o pensiune până când a putut găsi de lucru. Despre Rromul care i-a angajat, s-a auzit că poliția i-a arestat pe mulți dintre ei și le-a închis spălătoria auto. Pentru prima dată în viața mea, m-am bucurat că cineva mergea la închisoare, pentru că erau niște oameni necinstiți.

Am început să mă simt vinovată, gândindu-mă că trebuie să mă rog pentru ei, nu să mă bucur că merg la închisoare; dar a fost atât de greu să mă rog pentru ei, ținând cont de ceea ce au făcut, nu numai pentru mine, ci și pentru mulți români. Mă enerva faptul că se considerau creștini. Nu am putut ierta și am preferat să stau cât mai departe de ei, promițându-mi că nu voi mai avea nimic de-a face cu romii.

Capitolul Treisprezece

VINDECÂND ÎN NUMELE LUI ISUS

Cât am fost în România, fratele meu care era creștin și m-a încurajat în tot ceea ce am făcut și a fost, de fapt, singurul dintre toți frații mei care m-a înțeles și m-a încurajat să nu încetez să fac ceea ce fac. M-a rugat să stau câteva zile cu el în satul lui, Curtici. Eram mulțumită cu asta și când am ajuns acolo a fost minunat să văd că casa era plină de oameni, deoarece fratele meu le spusese tuturor că vin. Era atât de mândru de mine și mi-am dat seama că le spusese tuturor despre mărturiile mele, că am început să vorbesc engleza în cinci zile, că mi-am dat casa și tot ce era în ea și cum m-a folosit Dumnezeu în Irlanda. Punându-mi tot felul de întrebări, nu prea mult, știam exact cum să vorbesc cu ei pentru că toți erau romi; cumnata mea fiind din etnia romă. Nu știam cât de mult puteau primi. Știam regulile pe care le pun când vine vorba de a fi creștin, mai ales când ești un lucrător al Domnului.

M-am simțit ca pusă sub un microscop. Îmi cereau să mă rog pentru ei să vadă dacă Domnul le spune ceva. Am fost uimită cum puteau fi citite gândurile lor și am văzut că ceea ce voiau cu adevărat era să vadă dacă eram cu adevărat de la Domnul. Am spus că nu mă rog ca Dumnezeu să-mi arate ceva, dacă Domnul îmi arată ceva despre cineva, atunci o spun. Am repetat că Dumnezeu nu lucrează pentru mine, ci eu lucrez pentru El.

Le-am spus despre un eveniment în care m-am rugat și am postit toată ziua, pentru a cere ca Domnul să-mi vorbească printr-un profet care a venit la Dublin. Acel profet mi-a dat un cuvânt de la Domnul despre cum mă va folosi pentru slava Sa, dar nu am fost mulțumită pentru că am vrut să vorbesc cu el despre ceea ce mă deranjează. A doua zi am fost dezamăgită și am vorbit cu Domnul, spunând că nu am înțeles cum am postit și m-am rugat o zi întreagă pentru acel răspuns și El nu mi-a răspuns. El a răspuns întrebându-mă: „Cine lucrează pentru cine? Lucrez pentru tine sau lucrezi pentru Mine?" Mi-a fost atât de rușine și am spus Doamne, te rog să mă ierți, nu voi mai face niciodată această greșeală!

Mă tot întrebau dacă vorbesc în limbi, ce daruri aveam; nu știam ce să fac. Știam ce cred ei despre asta, dar nu știam ce să răspund. Am spus că Dumnezeu controlează ceea ce se întâmplă și nu mă va lăsa să spun nimic care ar putea fi o piatră de poticnire. Le tot spuneam că nu trebuiau să se mulțumească întotdeauna doar cu ceea ce le spun pastorii și prezbiterii de la amvon, ci să citească Biblia și o vor înțelege mai bine. Dar mi-am dat seama că majoritatea nu știau să citească și să scrie. Acum am înțeles ce se întâmplă cu ei, pentru că au învățături bazate pe ceea ce înțeleg predicatorii și nu au cum să descopere ei înșiși, neștiind să citească.

Printre ei se afla și un frate al cumnatei mele din Belgia și a fost uimit de modul în care Dumnezeu a lucrat în viața mea și de modul în care fusesem vindecată. Mi-a spus să mă rog pentru soția lui care era în Belgia, foarte bolnavă după naștere. Încă sângera, iar medicii nu știau ce tratament să-i dea și au trimis-o acasă pentru că nu mai puteau face nimic. Era disperat. Avea șase copii, iar soția lui era tânără. Mi-a spus că a vorbit cu ea cu câteva ore înainte și că nu se putea ridica din pat, deoarece era foarte slăbită. El s-a simțit vinovat și a spus că Dumnezeu îl pedepsește pentru păcatele sale, la care i-am răspuns: "Dumnezeu nu ne pedepsește pentru păcatele noastre, Isus a plătit deja pentru păcatele noastre."

L-am sunat pe pastorul meu și am început să ne rugăm împreună, proclamând vindecarea în numele lui Isus. Am respins orice raport medical care spunea că va muri. Am declarat viață și puterea de a se ridica din pat, complet vindecată în numele lui Isus. Pastorul s-a rugat peste o sticlă de apă și i-a spus bărbatului să o ducă soției sale când se întoarce în Belgia, să i-o dea să bea și sângerarea ei se va opri. Era atât de hotărâtă să fie vindecată, încât se simțea deja mult mai bine după ce ne-am rugat pentru ea.

Sângerarea s-a oprit. Pentru ei, a fost un miracol de la Dumnezeu pe care l-au văzut cu ochii lor. Am fost fericită pentru acea femeie și m-am minunat de lucrarea pe care Domnul o făcuse pentru ei.

Nu a durat mai mult de două ore și din nou casa fratelui meu era plină de oameni. Deja au aflat că femeia a fost vindecată. Toată lumea mi-a cerut să mă rog pentru ei și chiar m-a întrebat dacă doream să merg la casele lor să mă rog pentru familiile lor. Apoi m-am dus la un frate al cumnatei mele să mă rog după ce fratele meu mi-a cerut să merg cu el. Omul pentru care lucra dorea o rugăciune de binecuvântare asupra casei pe care o construia. Nu am apucat să merg în fiecare casă să mă rog pentru ei pentru că a trebuit să mă întorc în satul meu. A doua zi a trebuit să mă întorc în Irlanda. Am fost destul de uimită de cât de bine a lucrat Dumnezeu și fericită că toți acei oameni nu au început să mă critice așa cum mă așteptam.

Acest incident mi-a dat mai mult curaj să mă rog pentru bolnavi, gândindu-mă cât de multă fericire poate aduce vindecarea în viața unei persoane.

Întorcându-mă acasă, în Irlanda, i-am spus pastorului ce s-a întâmplat și am dat o mărturie în biserică despre ce s-a întâmplat în România. Doamna care a fost vindecată a dat o mărturie în biserică, spunând cum ne-am rugat pentru ea. Pastorul ei ne-a invitat pe mine și pe pastorul Tim să mergem la biserica lor. Nu i-am spus pastorului

Tim despre acest lucru, deoarece nu am vrut să merg, pentru că mă gândeam la numeroasele întrebări pe care mi le-ar pune din nou. Știam că sunt cinici cu privire la faptul că Dumnezeu se folosește de o femeie. Nu am vrut să înfrunt criticile lor, deoarece mi-ar aminti de experiența mea anterioară cu familia creștină pentru care am lucrat în spălătoria auto.

Dar Domnul avea alte planuri. Cu cât țineam mai mult distanța față de ei, cu atât Domnul îi aducea mai mult în calea mea. Într-o zi, niște prieteni pe care îi întâlnisem într-o altă parte a Irlandei m-au sunat și m-au rugat să mă rog pentru un prieten de-al lor. Dar ei nu au vrut să-mi spună detaliile, spunând că dacă sunt de la Domnul, atunci El îmi va spune ce s-a întâmplat cu prietenul lor. M-a enervat și mă gândeam, *"Doamne, dacă ei nu cred că sunt de la tine, atunci de ce mă sună?"* Când am ieșit din casă era deja seară. M-am dus în spatele blocului să mă rog pentru că familia avea oaspeți și nu am vrut să-i deranjez. Am început să mă rog și dintr-o dată am simțit o durere atât de puternică în stomac încât am căzut în genunchi. Între timp, m-au pus pe difuzor și am auzit că erau mai mulți oameni în casă. Domnul mi-a spus că durerea pe care o simțeam era aceeași durere pe care o simțea prietenul lor. Vorbind la telefon, am început să-i explic despre durerea pe care o simțeam și despre ceea ce Domnul îl instruia să facă. El a luat un pahar cu apă peste care m-am rugat - transformându-l spiritual prin puterea Duhului Sfânt în sângele lui Isus. În timp ce l-a băut, am simțit că durerea din stomac dispare. Am avut aceleași simptome ca și el, ca și cum aș fi băut și eu acea apă. Când nu am mai simțit durerea, am știut că a fost vindecat. I-am spus că a fost vindecat și apoi am auzit mai mulți oameni bucurându-se și lăudând numele lui Isus. Prietenul meu a luat apoi telefonul și mi-a spus că prietenul său a avut dureri severe de stomac timp de trei zile și nu a putut mânca nimic. Ei erau uimiți și nu puteau să creadă că Domnul putea folosi o femeie pentru a vindeca un bărbat.

A doua zi la biserică i-am spus pastorului ce s-a întâmplat și că nu înțelegeam cum îi puteam simți durerea. Apoi pastorul mi-a spus să nu mă alarmez pentru că este modul lui Dumnezeu de a mă învăța să mă rog pentru bolnavi până când voi putea să-mi deschid ochii spirituali pentru a vedea spiritele care provoacă boala.

Am fost atât de uimită de modul în care Dumnezeu lucra și de modul în care mă folosea. Mi-am amintit că pastorul îmi spusese la început că mă voi ruga pentru oameni, mai ales pentru români, chiar și la telefon, iar ei vor fi vindecați. Eram atât de fericită și am decis că nu voi evita nicio ocazie de a mă ruga pentru oameni și nu îmi va fi frică să mă rog pentru cineva gândind că s-ar putea să nu aibă niciun efect; nu îmi era teamă pentru că știam că Domnul face totul.

Într-o zi, o prietenă m-a sunat să-i cer pastorului să se roage pentru fiica ei de trei ani, care era bolnavă de trei zile și vomita și nu putea mânca. L-am sunat pe pastor, dar nu a răspuns la telefon. Apoi l-am auzit pe Domnul spunându-mi, *„De ce nu te rogi?"* Am spus, *„Dar nu sunt pastor. Cum să mă rog? Ea nu va crede!"* La care Domnul a spus, *„Același spirit care este în pastor este și în tine, așa că roagă-te pentru fetiță."* Am sunat-o pe prietena aceia și i-am spus tot ce auzeam. I-am cerut să pună o mână pe stomacul fetiței. Prin telefon, am proclamat vindecarea totală asupra fetiței și am scos afară tot ce nu este de la Dumnezeu în numele lui Isus. Când am terminat, i-am spus să nu-și facă griji. Lasă fetița să se odihnească și când se trezește și cere mâncare, dă-i mâncare. Două ore mai târziu, acea prietenă m-a sunat și mi-a spus cu bucurie că fata era bine, că a primit putere, și chiar a fost surprinsă că primul lucru pe care l-a făcut fata când s-a trezit a fost să ceară mâncare, exact așa cum am spus. Am fost uimită și fericită când am fost martoră la fericirea pe care vindecarea o aduce oamenilor. L-am rugat pe Domnul să mă folosească în vindecarea oamenilor, să mă facă un instrument în marea Sa lucrare în viața oamenilor.

În seara aceea am fost la un studiu biblic. Era vorba despre vindecare și învățătura era că același Duh care este în Hristos este în noi. Trebuie să îndrăznim să ne rugăm pentru bolnavi, deoarece Biblia spune că dacă avem „*credință cât un grăunte de muștar, ați zice muntelui acestuia: „Mută-te de aici acolo", și s-ar muta; nimic nu v-ar fi cu neputință.*" Matei 17:20.

El ne-a explicat că prin credință putem ordona schimbarea situației, pentru că Domnul ne-a dat autoritate și putere să folosim numele său, care este mai presus de orice nume; la auzul numelui Său, fiecare genunchi se apleacă. Pastorul Bryan ne-a spus că muntele poate fi reprezentat în viața noastră ca o problemă, o boală sau un obstacol și îl putem schimba prin credință. El ne-a spus să folosim credința și autoritatea pe care Isus ne-a dat-o ca copii ai Săi pentru a schimba situația. El a explicat că trebuie să avem curajul să punem în practică tot ceea ce învățăm, pentru că numai atunci putem vedea puterea Domnului în acțiune și astfel credința noastră va crește și mai mult.

Nu-mi venea să cred că studiul biblic vorbea despre exact ce mi s-a întâmplat în acea zi; pluteam în fericire. Când am ajuns acasă, m-am tot gândit la asta și i-am mulțumit Domnului pentru modul minunat în care mă învață cum să merg pe calea destinului meu și pentru tot ceea ce a făcut în viața mea. Era ora 2 dimineața și nu puteam să dorm. Plângeam de fericire și mă rugam: "*Doamne, nu știu ce cuvinte să folosesc ca să-ți mulțumesc pentru tot ce ai făcut pentru mine. Și pentru modul minunat în carea lucrezi în viața mea.N-aș putea să-ți mulțumesc îndeajuns pentru dragostea Ta.*"

Apoi mi-a spus să scriu o carte! Am fost șocată și am spus, "*Dar Doamne, nu am talent ca să scriu, nu știu cum să scriu o carte, nu sunt scriitor. Chiar și la școală, mama mea scria compunerile și eu le copiam.*" Dumnezeu mi-a spus să am încredere în El că îmi va spune ce să scriu în același mod în care îmi spunea înainte să scriu într-un grup creștin român pe rețelele sociale.

Am spus, *"Dar Doamne cum știu ce titlu să-i pun cărții?"* În clipa următoare am văzut în fața mea, o carte cu poza mea în colțul din stânga și avea titlul, *"TRĂIND PRIN CREDINȚĂ ÎN ISUS HRISTOS."*

Am fost uimită de ceea ce am văzut și am vrut să mă asigur că nu visez. Am spus: "Dar Doamne, cum voi ști cum să public și ce pași ar trebui să urmez?" El mi-a răspuns: "Nu-ți faceți griji; numai scrie și la momentul potrivit voi trimite oameni înaintea ta pentru a te ajuta să o publici." Mai târziu am adormit cu o bucurie în inima mea pe care nu mi-o puteam imagina. Atunci am experimentat în viața mea versetul biblic în care Domnul spune că va transforma lacrimile noastre în lacrimi de bucurie. Asta mi s-a întâmplat: nu mi-am putut opri lacrimile de bucurie. Îmi imaginam că acest lucru se va întâmpla când Isus va veni și ne va duce la El în cer, dar deja experimentam acest lucru aici pe pământ. Cât de minunat ești Isus!

Capitolul Paisprezece

DUMNEZEUL MIRACOLELOR

A doua zi m-am trezit cu o melodie pe buze; inima mea cânta de bucurie! Totul a fost atât de perfect; am fost împreună ca o familie fericită. Mergeam peste tot cu ei, simțeam, de asemenea, că au încredere deplină în mine și mă iubeau așa cum îi iubeam. De multe ori m-am întrebat cum puteam să-i iubesc atât de mult, chiar dacă nu erau familia mea reală. Ori de câte ori aveau un obstacol sau aveau nevoie de ceva, ne uneam în rugăciune. De asemenea, ne rugam în mod constant pentru un soț bun pentru mine, care să mă iubească și să nu mă oprească să fac lucrarea lui Dumnezeu.

O astfel de legătură puternică a existat între noi. I-am mulțumit Domnului în fiecare zi pentru ei și m-am rugat pentru ei și pentru copii, mulțumindu-i Domnului că acum am înțeles cu adevărat motivul pentru care m-a adus în casa lor. Am înțeles că nu era doar de dragul lor, pentru a vedea dragostea lui Dumnezeu, ci și pentru mine ca să cresc și ca Dumnezeu să mă instruiască în viața de credință.

Am simțit că Dumnezeu era acolo cu mine și vorbeam cu El ca unui prieten. Am spus, *"Doamne, îmi amintesc cum m-am plâns mereu că această familie nu m-a înțeles și că mi-a fost foarte greu să rămân cu ei din cauza comunicării proaste. Îmi amintesc cum mi-ai arătat amintiri din copilărie, cum îmi doream atât de mult să merg să-mi văd nepoții într-un alt oraș și cum mama mea nu avea prea mulți bani și a spus că putem merge doar cu trenul pentru că ea avea bilete gratuite."*

"*Îmi amintesc că mi-a fost frică de întuneric, știind că trebuie să trec prin 47 de tuneluri, dar pentru că am vrut să-mi văd nepoții pe care îi iubeam atât de mult, mergeam cu trenul. Îmi amintesc cum mi-ai spus să-mi amintesc cum mama mea a fost lângă mine și m-a ținut strâns lângă ea ca să nu mă mai gândesc că trec prin întunericul din tunel. Mi-a spus să număr să văd care e mai lung. Când tunelul era mai scurt, lumina de la capătul tunelului nu era atât de puternică, dar când am trecut prin tunelurile mai lungi, lumina de la capătul tunelului era atât de puternică încât nu puteam să-mi țin ochii deschiși. Apoi mi-ai spus să mă gândesc, astfel încât acum, pe măsură ce trec prin toate aceste experiențe, să-mi imaginez că testele sunt tunele. Tu ești în locul mamei mele și mă ții de mână și la fiecare ieșire din tunel acea lumină este binecuvântarea care mă așteaptă.*"

"*Doamne, ești atât de minunat, nu înțeleg cum ai atâta răbdare cu mine. Sunt atât de grea de cap. Mulțumesc, Doamne, că i-ai adus pe acești oameni ca o binecuvântare în viața mea. Mulțumesc, Doamne, pentru răbdarea pe care o ai cu mine și pentru că mi-ai ascultat plângerile. Mulțumesc, Doamne, pentru schimbarea pe care ai făcut-o în viața mea, în mintea mea, în comportamentul meu. Mulțumesc, Doamne, că nu ai renunțat la mine când nu am înțeles ce pregăteai pentru mine. Oh, ești atât de minunat Doamne Isuse, Te iubesc atât de mult și chiar dacă trăiesc alte 10 vieți nu ar fi suficient să-ți mulțumesc pentru dragostea Ta.*"

Am fost atât de fericită că Domnul Isus nu este numai Domnul meu, dar El este, de asemenea, cel mai bun prieten al meu. Pot vorbi cu El despre orice. Înțelege tot ce vreau să spun și nu se supără când nu înțeleg ceva. El este atât de răbdător cu mine, îmi explică lucrurile de atâtea ori până când înțeleg tot. Ce prieten minunat am găsit în Isus!

Cu multă emoție și fericire, am sunat-o pe prietena mea Corina și i-am spus tot ce simțeam. Ea a fost încântată pentru mine și mi-a spus că simte același lucru atunci când vorbește cu Dumnezeu și cunoaște sentimentul. Am început să-i spun despre ce mi-a spus Domnul într-o noapte despre scrierea unei cărți. Și apoi mi-a spus: "*Mirela, înțeleg tot ce simți, dar să scrii o carte e prea mult!*"

Dintr-o dată, toată bucuria acelui moment a dispărut și am început să mă întreb dacă am auzit cu adevărat pe Domnul când mi-a spus să scriu cartea; sau a fost un vis? Tot restul acelei zile m-am agitat și m-am întrebat dacă trebuia să scriu cu adevărat acea carte sau dacă doar am visat. Am decis să uit de asta.

Într-o zi m-a sunat Cristi și m-a rugat să-l sun pe pastor să se roage pentru tatăl Elenei pentru că suferise un infarct și ambulanța era pe drum. Apoi l-am sunat repede pe pastor și am început să mă rog cu el. Pastorul mi-a spus că totul este în regulă și că tatăl Elenei se va întoarce în jumătate de oră. Cristi m-a sunat din nou să mă întrebe dacă l-am sunat pe pastor și să-mi spună că ambulanța este acolo. Medicii au încercat să-l resusciteze, dar au renunțat și l-au declarat mort. Mă gândeam la Elena pentru că era însărcinată în luna a noua. L-am rugat să mi-o dea pe Elena la telefon. Plângea și am decis să-i spun să nu se teamă, ci să aibă încredere în Dumnezeu că El are ultimul cuvânt și să le spună medicilor să persiste, să nu renunțe și o să vadă că după o jumătate de oră își va reveni . Am simțit că ea primea putere, și mi l-a dat Cristi înapoi la telefon. Cristi mi-a spus, "*Mirela, e prea târziu, doctorii l-au declarat mort,*" și putea vedea cu ochii lui că nu se putea face nimic altceva.

Apoi am ridicat vocea mea și am spus, "*Cristi, nu mă interesează ce spun doctorii. Știu că Dumnezeu nu l-a adus aici să moară în Irlanda. Nu va muri, trebuie să vezi; trebuie să le spui medicilor să nu renunțe și în 30 de minute își va reveni .*" El a strigat la mine, "*Ești nebună!*"

La scurt timp, am primit din nou un telefon de la Cristi, care mi-a spus că i-a revenit pulsul și că merge la spital.

L-am întâlnit acolo. Mama Elenei, Cristi și o prietenă au sosit, i-am încurajat că totul va fi bine, că dacă Domnul l-a readus la viață, își va reveni.

Doctorița mi-a cerut să-i traduc Elenei că trebuie să semneze pentru ca tatăl ei să fie operat și să fie pregătită pentru că putea să moară pe masa de operație. Apoi am spus că nu va muri pentru că nu accept acest lucru. Dumnezeu îl va salva și nici măcar nu va avea nevoie de operație. Doctorița a întrebat cine sunt și de ce am reacționat așa, la care am spus că sunt o prietenă de familie. Apoi, aceasta a spus că trebuie să plec, deoarece erau permise numai familia și doar două persoane. Am ieșit afară, mi-am pus mâna pe peretele camerei în care erau înăuntru și am început să mă rog, declarând vindecare divină. Am început să refuz orice operație în numele lui Isus.

Asistentele au ieșit din cameră și au chemat-o pe doctoriță înăuntru. După două minute am văzut că mă cheamă înapoi înăuntru. Mi-a spus că nu trebuia să fiu acolo, dar cum nu era nimeni care să traducă pentru familie, mi s-a permis să traduc ceea ce spuneau. Am fost de acord și apoi mi-au spus că blocajul unei artere a inimii s-a deschis atunci când l-au pus la dispozitive și operația nu va mai fi necesară; dar să se aștepte ca să aibă traumatisme, deoarece creierul său a stat 45 de minute fără oxigen.

Apoi am spus; *"Veți vedea că nu va suferi deloc; totul va fi normal pentru că Dumnezeu va duce lucrarea până la sfârșit și nu l-a salvat de la moarte pentru a-l face o legumă."* Apoi doctorița agitată a strigat la mine și mi-a spus să traduc ceea ce spunea dacă vreau să rămân acolo. Întorcându-se spre un coleg, ea a întrebat dacă eram bine?

I-am spus mamei Elenei ce mi-a spus doctorul, dar, în același timp, le-am spus să nu se teamă și să aibă încredere în Dumnezeu, că El va face în așa fel încât medicii să vadă puterea lui Dumnezeu.

După o oră l-au mutat la terapie intensivă și m-au chemat acolo pentru a traduce pentru ei, astfel încât să poată completa fișa de internare medicală. Mi-au spus că medicul i-a informat că am spus familiei mai mult decât spuneau ei și m-au avertizat că nu trebuie să creez probleme deoarece este o unitate de terapie intensivă și trebuie să-i las să-și facă treaba fără comentarii. Am spus că nu am făcut nimic, dar am spus doar că cred că Domnul meu îl poate salva. Apoi ea m-a întrebat ce religie aveam. I-am răspuns că nu am o religie, dar am o relație cu Domnul meu, că Domnul Isus a venit să ne împace cu Dumnezeu pentru a avea o relație cu El și nu o religie. Mi-a spus că motivul pentru care întreba era pentru că trebuia să înregistreze religia pe formular.

Apoi ne-a spus să mergem să ne odihnim în camera pe care ne-a pregătit-o și să servim niște sandvișuri, cafea și ceai. Mi-a spus că mă va suna când va avea nevoie de mine și să spun familiei că dimineața, când se va trezi din anestezie, medicii vor verifica toate funcțiile creierului și îl vor scoate din tuburi dacă răspunde la stimuli. Mi s-a cerut să le spun că se așteptau ca el să fie paralizat, sau poate că nu va putea vorbi sau ar putea fi orb, în funcție de ce parte a creierului a fost afectată. Apoi am spus, *"Veți vedea că va răspunde la tot ceea ce doriți și va fi normal,"* și am plecat.

Am stat în camera pregătită pentru noi și i-am încurajat și le-am spus să nu se teamă; totul va fi bine și mâine vor vedea asta; îl vor muta de la terapie intensivă și poate chiar îl vor lăsa să plece acasă de Crăciun. Mergeam unul câte unul să fim cu el. Când mi-a venit rândul, m-am rugat pentru el și mi-am pus mâna pe capul lui și am poruncit creierului să funcționeze normal în numele lui Isus, proclamând restaurarea divină asupra tuturor organelor sale. A fost surprinzător faptul că nu am simțit niciodată să mă rog așa înainte și cum Duhul Sfânt mi-a pus această rugăciune pe buze. Eram atât de sigură că totul va fi bine și mă puteam vedea fluturând un steag al victoriei.

Apoi mi-am amintit că, cu câteva luni mai devreme, eram cu toții în biserică și un profet din Scoția a venit la tatăl Elenei și mi-a spus să traduc că diavolul voia să-i ia viața, dar Domnul nu va permite acest lucru și îl va salva. Când am intrat în camera de odihnă, le-am amintit și ei și-au amintit că în acel moment nu știam ce înseamnă. Acum, făcând legătura, am înțeles ce se întâmpla. I-am asigurat că totul va fi bine, deoarece Domnul ne-a dat victoria.

Dimineața, doctorul mi-a cerut să merg cu el pentru a traduce. Eram singură și mi-a spus să-l întreb pe tatăl Elenei dacă poate auzi și să răspundă la câteva întrebări. Dacă răspunsul era da, trebuia să strângă mâna doctorului. L-au întrebat dacă simte o înțepătură în picioare, dacă simțea că i se ținea mâna, dacă a înțeles tot ce i se cere, tot felul de întrebări în funcție de locul în care îl atingeau. Toate răspunsurile au fost bune și l-au scos de la aparate și familia putea veni să vadă că era în afara oricărui pericol. Am plâns și i-am mulțumit Domnului. Cu ochii mei, îi spuneam asistentei: "ȚI-AM SPUS EU!"

Nu după mult timp, doctorul s-a întors. El mi-a cerut să întreb familia dacă îl lăsau să publice cazul în ziar. Era un miracol! Doctorul a spus că ar fi trebuit să moară. Nu numai că nu este mort, dar nu a avut reacții negative în urma lipsei de oxigen din creier. Toate funcțiile creierului funcționau normal.

Am fost cu toții fericiți și am mulțumit Domnului pentru un astfel de miracol minunat. Albert ne-a dus înapoi acasă să facem un duș apoi să ne întoarcem. Când i-am spus familiei, au fost foarte șocați să audă că totul a mers atât de bine și că era în afara oricărui pericol. Mutarea lui de la terapie intensivă a doua zi după ce a fost declarat mort, a fost uimitoare.

I-am mulțumit Domnului pentru această minune care a atins inimile atâtor oameni, inclusiv a familiei sale de acasă, din România.

Când ne-am întors la spital și am intrat în camera lui, el stătea așezat și mânca. Ne-am minunat și am mulțumit Domnului pentru tot. Își putea aminti doar că a avut o durere în piept și că și-a pierdut cunoștința când mergea să-și ia medicamentele; apoi s-a trezit la spital.

Nu după mult timp, doctorul a venit și l-a examinat și i-a spus să-i mulțumească Domnului, pentru că ar fi trebuit să moară până acum. Ne-a spus că dacă analizele de sânge sunt bune după ce mânca, va putea să meargă acasă de Crăciun; dar a trebuit să promită că va chema ambulanța și se va întoarce dacă ceva nu este în regulă. Toată lumea se uita la mine și am fost uimită și le-am spus cu o privire plină de înțeles: *"Este exact ceea ce v-am spus - el va fi acasă de Crăciun!"* Slavă Domnului! Ce Dumnezeu minunat al miracolelor avem!

Capitolul Cincisprezece

ESTE TIMPUL SĂ SCRII

Totul a revenit la normal. Eram cu toții fericiți. Crăciunul se apropia, iar pregătirile pentru Crăciun ne ocupau cea mai mare parte a timpului. Pregătisem deja cadouri pentru toți copiii din biserică și, bineînțeles, pentru familia mea. Am fost atât de mulțumită că în cele din urmă, aveam pentru cine face cadouri de Crăciun. Împachetarea cadoului și scrierea numelui fiecărui copil pe el mi-au oferit o încântare de nedescris și mi-am imaginat bucuria fiecăruia când deschidea cadoul.

Pentru copii, spațiul de sub pom era plin de cadouri și abia așteptam să le văd reacțiile când le deschideau. Ne-am făcut planuri să aducem mâncare românească la biserică pentru petrecerea de Crăciun pentru că le-a plăcut atunci când au mâncat la nuntă.

Am fost atât de fericită încât, în cele din urmă, golul care vorbea despre un copil lipsă era acum plin de bucuria de a avea mulți alții. Îi mulțumeam lui Dumnezeu pentru tot ce făcuse în viața mea și pentru că mi-a schimbat viața oferindu-mi o nouă perspectivă. I-am mulțumit că mi-a schimbat întreaga existență, tot destinul. Plângeam din nou de bucurie și ziceam din nou, *"Ce pot face, Domnul meu, să îți mulțumesc pentru ce faci în viața mea?"* Din nou, în fața mea, aceeași carte care mi-a apărut în față, și am spus, *"Doamne, chiar a fost de la tine? Chiar vrei să scriu o carte?"*

La care El a răspuns, *"Da, vreau să-ți scrii toate experiențele, prin ce ai trecut, să scrii despre dragostea mea, astfel încât oamenii care trec prin situații similare să fie încurajați și să știe că îi iubesc cu o iubire veșnică; și nimeni și nimic nu-mi poate lua dragostea de la ei."*

Îmi era rușine, și am spus, *"Doamne, iartă-mă că nu Te-am ascultat atunci, dar acum sunt gata."* Am luat un pix și un caiet, am aprins lampa și am spus: *"Spune-mi ce să scriu și voi scrie."*

Am început să scriu și nu mă puteam opri. Cuvintele îmi veneau și am scris dintr-o dată, fără să încetez să termin primul capitol până dimineața. Am citit tot ce am scris și nu mi-a venit să cred că am scris așa ceva, cu atât de multe detalii din viața mea, de care nu-mi amintisem de mult timp. Eram în lacrimi, având aceleași sentimente pe care le-am avut în trecut. Mă gândeam la cei care vor citi ceea ce am scris și am inceput sa mă rog ca Duhul Sfânt să-i atinga si sa I cerceteze , așa cum am fost eu.

Spre surprinderea mea, în acea zi nu eram deloc obosită. Am început să pregătesc copiii pentru școală și abia așteptam să mă întorc de la școală pentru a putea scrie tot ce scrisesem pe tabletă. Mulțumită după ce am terminat, am sunat-o pe Corina, spunându-i că am început cartea și că i-o voi trimite să o citească pentru a-mi putea spune părerea ei.

Așa am început să scriu primul capitol, dar nu am mai putut continua, fiind din ce în ce mai ocupată. A trebuit să aștept un timp când puteam să stau în liniște, ca să mă pot concentra să aud de la Dumnezeu ce trebuia să scriu.

Am mers cu toții la petrecerea de Crăciun; am luat copiii cu mine, desigur, și am petrecut momente de bucurie și împlinire în părtășia cu frații de la Biserică. Fiecare grup, din diferite țări, a spus ceva în limba lor și le-am făcut o surpriză: le-am pregătit câteva cântece de Crăciun și le-am cântat pe toate în limba română. A fost atât de frumos încât nu am observat cum a trecut timpul. Toți au fost încântați de mâncarea noastră tradițională și, în final, am început să împărțim Cadouri pentru copii. Bucuria de a-i vedea atât de fericiți mi-a răsplătit durerea de a nu putea avea proprii mei copii cărora să le pot oferi cadouri. În această experiență, Domnul mi-a arătat că pot fi fericită și împlinită chiar dacă nu aveam copii. Am înțeles că pot oferi dragoste celor din jurul meu și i-am mulțumit Domnului că m-a adus în Irlanda.

A doua zi, când trebuia să deschidem cadourile, a fost o experiență pe care nu o voi uita niciodată. Plângeam de fericire când am văzut copiii bucurându-se de cadourile lor. Cu lacrimi pe obraji le-am mulțumit că m-au acceptat în casa și familia lor, dar mai mult decât atât pentru că au împărtășit cu mine bucuria copiilor, prin faptul că mi-au permis să fiu atât de aproape de ei, să-i iubesc și să-i tratez ca fiind ai mei. Voi avea întotdeauna acea fericire în inima mea. Le-am fost atât de recunoscătoare pentru că mi-au permis să fac parte din viața copiilor lor prețioși, realizând că, de fapt, nu trebuie să ai un copil născut neapărat pentru tine și poți iubi copiii chiar dacă nu sunt ai tăi. Pentru mine, erau copiii dați mie de Dumnezeu.

Sărbătorile de Crăciun au trecut repede, iar în curând a fost Anul Nou. M-am bucurat că în biserică, am petrecut sfârșitul anului în prezența Domnului. Ne-a plăcut să cântăm împreună, iar pastorul a spălat picioarele tuturor. Ne-am bucurat de compania celuilalt în Domnul până la miezul nopții.

Unul dintre pastori m-a chemat în față să traduc. Domnul a spus că pregătește soți pentru femeile necăsătorite din Biserică. Apoi, în mintea mea, am spus, *"Doamne sunt gata să am un soț, acum simt că sunt atât de plină de dragostea Ta încât se răspândește. Sunt gata să dau această dragoste celor din jurul meu. Trimite-mi un om care are nevoie de dragostea Ta, care are nevoie să Te vadă în mine. Te rog să trimiți pe cineva care are nevoie de toate darurile pe care le-ai pus în mine."*

Primisem o profeție atât de puternică încât vedeam deja că urma să mă căsătoresc și m-am rugat ca Domnul să trimită pe cineva care avea nevoie de ceea ce eram eu și l-am rugat pe Domnul să mă ajute să fiu o binecuvântare pentru el.

Gândindu-mă cum să fiu utilă persoanei pe care Dumnezeu mi-o trimite, mă întrebam cum aș ști sigur că cel care apare este cel trimis de Dumnezeu. Pastorul ne-a spus să fim foarte atente pentru că acum diavolul a auzit această profeție și va face tot posibilul pentru a trimite pe cineva să împiedice planul lui Dumnezeu pentru viețile noastre.

Apoi mi-am amintit de un eveniment care s-a întâmplat nu cu mult timp în urmă. Un tânăr a venit la mine și mi-a spus că mă văzuse în biserică de mult timp și că ar dori să mă cunoască mai îndeaproape. Nu am vrut cu adevărat să avem o relație. I-am spus asta și, de asemenea, că vreau să mă concentrez mai mult pe relația mea cu Dumnezeu. Dar acest tânăr nu avea de gând să renunțe la mine. După trei sau patru luni s-a întors și m-am simțit vinovată, așa că am promis că mă voi gândi la asta și îi voi da un răspuns cât mai curând posibil.

Când am ajuns acasă, familia mi-a spus că se vor ruga pentru mine în această chestiune, și au adăugat că Domnul mă iubește și nu vrea ca cineva să râdă de mine. După ce am vorbit, am decis să-i spun că aș fi de acord să ies la cină împreună într-o seară. Am decis să-l anunț duminică la biserică.

Vineri seara, când m-am dus la biserică la noaptea de rugăciune, le-am spus fraților să mi se alăture în rugăciune, astfel încât Domnul să-mi arate decizia care trebuia să o iau în legătură cu o anume problemă. Ne-am rugat împreună în acea noapte. Nu am stat toată noaptea pentru că a doua zi, sâmbătă, trebuia să fim prezente la petrecerea unei femei însărcinate din biserică, și multe dintre femei trebuiau să meargă.

A doua zi m-am dus la această petrecere fiind prima dată când participam la așa ceva. Au venit multe femei din biserica noastră, alăturându-se celor din alte biserici. Până la terminarea petrecerii, difuzoarele au încetat să funcționeze și trebuiau înlocuite. Apoi, una dintre fete a spus că are o prietenă care locuia în același bloc la etajul 3 și m-a chemat să merg cu ea să împrumute difuzoarele prietenei ei. Am acceptat și am mers cu ea.

Când am intrat în casă, fata ne-a invitat în camera de zi în timp ce se ducea să aducă difuzoarele. Am fost foarte surprinsă, dar în același timp mulțumită, că tânărul care m-a invitat în oraș era acolo. Am fost foarte încântată să-i spun că voi merge cu el la cină dacă și el va veni cel puțin o dată la biserica noastră. Nu am așteptat răspunsul și am continuat să spun că pot merge chiar și după biserică.

În lift, prietena mea m-a întrebat dacă îl cunosc pe tânăr și i-am spus totul, inclusiv de ce i-am rugat pe frați să mijlocească pentru a putea lua o decizie. Ea a fost uimită și a continuat să repete că Dumnezeu mă iubește cu adevărat. Am spus, "*Știu că mă iubește,*" la care ea a răspuns, "*Mirela, acel tânăr este iubitul prietenei mele și sunt împreună de peste șase luni. El vine și stă cu ea în weekend.*" Am fost șocată și, în același timp, fericită, realizând cât de mult mă iubește Dumnezeu și cum a răspuns deja rugăciunii noastre.

Apoi mi-am dat seama că Domnul pregătise totul, deoarece șansa cu difuzoarele și prietena mea care m-a chemat să merg cu ea era planul Lui de a descoperi că tânărul avea intenții ascunse. M-am bucurat că Domnul nu mi-a permis să intru într-o relație care nu era de la El. Mi-am imaginat ce probleme aș fi întâlnit cu acea prietena a lui care mă putea acuza că îi fur prietenul. M-am bucurat că Domnul a avut grijă de mine. M-am rugat ca fata acea să aibă garda sus, și să deschidă ochii dacă acel tânăr nu era pentru ea. Nu mi s-a părut înțelept să-i spun ceva despre el, crezând că Domnul o va face.

Ajunsă acasă după, petrecere am fost fericită să-i spun familiei cum a răspuns Domnul rugăciunii noastre într-un mod atât de minunat. Cu toții ne-am alăturat rugăciunii mulțumindu-i Domnului pentru dragostea și protecția Sa Divină.

Cât de minunat a fost să-l descopăr pe Domnul meu în toate aceste situații, amintindu-mi de tot ce a făcut pentru mine. El este: Tatăl, Fratele, Vindecătorul, Profesorul, Protectorul meu, El îmi oferă tot ce am nevoie, El m-a salvat, El îmi arată ce să fac, pe unde să merg, ce decizii să iau: Tu ești totul pentru mine, Domnul meu, TE IUBESC!

Capitolul Şaisprezece

TOATĂ SLAVA DUMNEZEULUI NOSTRU

Era deja mijlocul lunii ianuarie şi ne pregăteam pentru inaugurarea noului lăcaş de cult. Biserica închiriase parterul, dar avea nevoie de mai mult spaţiu. Se sărbătoreau şapte ani de la deschidere şi aşteptam oaspeţi din toate părţile. Am întrebat-o pe Corina dacă vrea să vină. Ea a răspuns că are aproximativ o lună pentru a se decide până la deschidere. A spus că va veni dacă mă duc în weekendul următor să o vizitez în Dublin. Am fost fericită deoarece am vrut să văd copilul şi să stau cu ea. De fiecare dată când o vizitam, mergeam şi la biserică.

La biserică am întâlnit un alt tânăr care era interesat de mine şi l-am refuzat mereu, spunându-i că sunt într-o relaţie. El a venit la mine şi m-a întrebat ce fac, că nu m-a văzut de mult timp, că timp de doi ani a încercat să mă contacteze pe social media, dar nu a putut ajunge la mine.

Mă bucuram de mesajul spiritual pe care îl primeam în acea zi la biserică, petreceam timp şi cu prietena mea şi copilul ei.

Când am ajuns acasă după cină. M-am dus la reţeaua socială şi am răspuns la cererea tânărului. S-a întâmplat că era online şi văzuse că i-am acceptat mesajul, la care mi-a mulţumit şi m-a întrebat dacă mă poate suna. Am spus că nu e nicio problemă. Am început o conversaţie şi el a întrebat dacă eram încă într-o relaţie la care am răspuns că nu eram, motivul acesta l-am folosit doar ca scuză pentru a ține oamenii la distanță pentru că nu eram gata pentru o relație. Mi-a spus că era logodit și aștepta să se căsătorească. I-am spus că mă bucur pentru el. Apoi mi-a spus că are un prieten foarte bun și mi-a cerut să iau legătura cu el. Am spus că nu vreau nicio relație cu nimeni. El m-a liniștit și mi-a spus să vorbesc doar cu el și să mă rog pentru el; deoarece are nevoie de rugăciune. Am fost de acord să-i dau numărul meu, gândind că nu pot refuza pe cineva care mi-a cerut să mă rog pentru el.

În dimineața următoare, am primit un telefon de la Roshan, care mi-a spus că prietenul său Rajiv i-a dat numărul meu de telefon. Am început să vorbim și am vorbit aproximativ două ore! Vorbind cu el, mi-am dat seama că avea o mulțime de probleme și avea nevoie de multe rugăciuni și trebuia să descopere adevărata iubire a lui Dumnezeu.

După trei săptămâni după prima noastră conversație din 4 februarie, mă suna în fiecare zi între orele 9 și 11 dimineața, iar seara vorbeam între orele 10 și 2 dimineața. Nu am putut înțelege despre ce puteam vorbi atât de multe ore. Mi-a povestit despre viața lui, despre bolile lui; am început să mă rog pentru el în fiecare seară, întrebându-mă cum pot ști în ce suferință se află. I-am povestit despre viața mea și cât de mult îmi doream să lucrez pentru Dumnezeu.

Am fost uimită că m-a sunat în fiecare zi și începuse deja să mă sune chiar și atunci când lucra și când a spus că vorbise cu sora lui despre mine; atunci m-am trezit la realitatea că are gânduri serioase. Am început să mă gândesc mai atent la ceea ce făceam, realizând că eram din ce în ce mai încântată să vorbesc cu el și așteptam cu nerăbdare să mă sune. Totuși, în același timp, am început să-mi fac griji deoarece nu eram sigură dacă eram pregătită pentru o relație și nu voiam să-i rănesc sentimentele.

Era vineri seara și eram la biserică. I-am spus pastorului despre Roshan și m-am rugat din nou împreună cu frații pentru îndrumarea divină în această situație. Eram hotărâtă să opresc totul înainte ca sentimentele mele pentru el să devină profunde.

A doua zi, am așteptat un răspuns, dar nu am primit nimic. Nu știam ce să fac. Roshan mi-a spus că vrea o relație serioasă și nu știam ce să-i spun, doar că am pus totul înaintea Domnului. Mă gândeam, este atât de bine că el este în Dublin și eu sunt în Killarney; cel puțin aveam o distanță între noi.

I-am spus că Domnul m-a chemat la această familie din Killarney și au nevoie de mine. Și biserica locală avea nevoie de mine să traduc. Nu aveam cum să mă mut la Dublin. Pe 19 februarie a fost inaugurarea noii clădiri și, cu această ocazie, l-am invitat pe Roshan, promițându-i că, dacă va veni, voi merge și eu la Dublin. El a fost de acord și a aranjat cu Corina ca ei să vină împreună pentru ca ea să-i poată arăta unde locuiesc. Am fost atât de încântată să-l văd pentru prima dată, deși aveam impresia că îl cunoșteam dintotdeauna. Mă pregăteam, chiar îmi schimbam coafura pentru sosirea lui.

Duminică dimineața au ajuns exact când era timpul să mergem la biserică, așa că am plecat imediat. Deoarece era un eveniment atât de mare, nu am avut prea mult timp să fiu cu el deoarece eram în față și traduceam. Când s-a terminat slujba, am stat de vorbă cu toți prietenii mei, inclusiv cu Cristi, care era într-o relație cu o fată minunată, Lily. Toți erau fericiți și curioși, în același timp, să vadă cine era acest prieten al meu și să-l întâlnească pentru prima dată.

Era foarte liniștit și am simțit că ceva nu era în regulă. Am tot întrebat, dar a spus că totul este în regulă, cu excepția faptului că el trebuia să plece să se întoarcă acasă, deoarece avea mult de condus. Am fost uimită de schimbarea bruscă. Eram dezamăgită și mă așteptam la ceva complet diferit; și acum am început să mă simt vinovată, gândindu-mă că nu știam cum să mă comport în această situație. Fără o relație, de când am decis să-mi dedic viața lui Hristos. Mă tot întreb dacă am greșit în ceva ce am făcut sau spus, și nu am putut înțelege schimbarea lui radicală.

M-a sunat târziu când a ajuns acasă și mi-a spus că da, este o problemă. El nu a vrut să mă încurce în activitatea pe care o aveam, și a văzut cât de greu era dacă plecam din biserică. El a adăugat că nu-I plăcea rochia pe care am purtat-o!

Am fost șocată de ceea ce auzisem și m-am întrebat dacă mai merită să continui. Nu mi-a venit să cred că de la prima noastră întâlnire, mi-a reproșat felul în care m-am îmbrăcat. Am decis să rup relația și să uit totul.

În dimineața următoare, în același timp, m-a sunat din nou, dar nu am vrut să vorbesc cu el. L-am lăsat să sune de mai multe ori, după care am pus telefonul pe silențios. Nu am mai vrut să vorbesc cu el și m-am bucurat că s-a terminat înainte de a mă implica mai mult. A doua zi a sunat din nou, dar tot nu am răspuns. Apoi, prietena mea Corina m-a sunat și m-a rugat să-i răspund și să-i dau o șansă să se explice. I-am explicat Corinei că nu vreau să sufăr și era mai bine să termine acum. Mi-a spus că era sigură că Roshan nu era o persoană rea, că simțea că este bun. Ea nu greșește în ceea ce privește oamenii în acest fel. În a treia zi, am fost contactată de sora lui, și ea, de asemenea, mi-a cerut să-i dau încă o șansă. După aceea, dacă voiam să renunț, era în regulă. Ea a vorbit cu el și m-a asigurat că totul va fi diferit. M-a sfătuit să merg la Dublin așa cum am promis, apoi să iau o decizie după aceea.

Deodată l-am auzit pe Domnul și am decis să uit totul. *"Acesta este soțul pe care l-am ales pentru tine!"*

Nu-mi venea să cred că Domnul mi-a spus asta. Am spus, *"Doamne, vrei să fie soțul meu? Dar nu mă place, locuiește în Dublin și nu pot părăsi biserica. Ce vor face românii din biserică dacă nu înțeleg nimic? Ar trebui* să-mi părăsesc copiii? Familia are nevoie de mine, nu-i pot părăsi. Le-am promis că nu voi părăsi casa. Și pe lângă toate acestea, am văzut că fumează. Cum aș putea să mă căsătoresc cu un bărbat care fumează?"

Atunci Domnul mi-a spus din nou, *"El este soțul tău; te-am ales să fii soția lui pentru că am pus în tine tot ce este necesar pentru a-l ajuta. Fumatul, trebuie să-l ajuți în rugăciune pentru a putea scăpa de acel spirit. El singur nu poate; el are nevoie de ajutor, și acel ajutor ești tu?!"*

În același timp, m-a sunat o soră din Biserică, Larisa, cea care a venit cu Arina, femeia pe care am întâlnit-o în autobuz. Mi-a spus că Domnul i-a arătat că mă voi căsători foarte curând, că voi fi foarte fericită. Mi-a spus că nu a văzut exact pe cel cu care mă voi căsători, dar să mă pregătesc pentru că foarte curând voi avea o nuntă ca în basme. Nu știam ce să fac sau să spun. Deodată m-am trezit rugându-mă pentru Roshan. Ideea căsătoriei creștea în mine și deveneam din ce în ce mai convinsă că va fi soțul meu.

Am spus; *"Doamne, dacă chiar vrei să fiu soția lui, dă-mi un semn. Nu vreau să fac greșeli și nu mai vreau să sufăr și, în același timp, nu vreau să-l fac să sufere."*

În acea noapte am fost la biserică pentru o întâlnire cu comitetul român. În timp ce traduceam, unul dintre băieții lui Arina a venit și a început să traducă. Am văzut că a tradus chiar mai bine decât mine și pastorul a spus că acum avem doi traducători. Dar eu am văzut-o ca pe un semn, Domnul pregătea pe cineva în locul meu să traducă. Am spus; *"Bine, Doamne, acum am înțeles, dar eu încă nu pot părăsi familia, deci, ce pot face cu copiii?"*

La sfârșitul săptămânii, a trebuit să merg la Dublin și I-am spus lui Dumnezeu; *"Dacă el va fi soțul meu, atunci fă o schimbare în atitudinea lui față de mine, și eu voi considera acest lucru ca un semn pentru a fi sigură că este el."*

Vineri seara a venit și trebuia să plec la ora 8, dar am întârziat cu copiii și am pierdut autobuzul. Mai era unul la 1 dimineața. I-am sunat pe Roshan și Corina și le-am explicat că voi ajunge la 4 dimineața.

Roshan a venit acasă la Corina să mă vadă înainte de a merge la muncă, deși spusese că va veni după muncă. A stat cu noi o oră și apoi a plecat la muncă. Seara, a stat cu noi două ore și mi-a spus că duminică dimineața mă va duce la biserică și mă va prezenta pastorului său. Observasem că ceva se schimbase în comportamentul lui și așteptam să văd ce se va întâmpla în continuare.

Duminică dimineața a venit și m-am dus cu el la Biserica lui. Corina a mers la o altă biserică. După slujbă, m-a prezentat pastorului Johnson care mi-a spus că deja mă cunoaște în spirit. El mi-a spus că Domnul i-a dat o profeție despre Roshan în ajunul Anului Nou; că el nu ar trebui să meargă acasă, și că Domnul a pregătit o soție pentru el aici, în Irlanda; și în șase luni, el se va căsători. De asemenea, mi-a spus că atunci când Roshan a mers să mă viziteze, i-a spus lui Roshan să-l sune înainte de a pleca, ca să se poată ruga pentru el. Mi-a explicat că diavolul a pus un voal negru peste ochii lui Roshan și de aceea s-a comportat așa. Dar apoi s-a rugat pentru situație și Domnul a îndepărtat acel văl. Pastorul s-a întors spre Roshan și ia spus: *"Aceasta este soția pe care Domnul ți-o dă și dacă o pierzi, vei pierde toate binecuvântările pe care Domnul le-a pregătit pentru tine."*

Apoi i-am spus pastorului, *"Nu mă pot muta la Dublin și el nu vrea să vină la mine."* Mi-a spus să nu-mi fac griji și că o să vin la Dublin. Apoi s-a rugat pentru noi. El a ordonat ca orice plan al diavolului de a distruge această relație pe care Dumnezeu a creat-o, să fie distrus în numele lui Isus.

Am mers în oraș să mâncăm și am văzut din ce în ce mai mult că lucrurile s-au schimbat complet, iar el era din nou mai mult ca Roshan pe care mi-l imaginasem când vorbeam la telefon. Mi-am spus, *"Bine,*

Doamne, acum înțeleg, dar tot nu mă pot muta. Nu pot lăsa familia singură." În timpul petrecut împreună, i-am spus, de asemenea, că nu mă pot muta la Dublin. În inima mea, știam doar că nu pot pleca și că am nevoie de mai mult timp; și, de asemenea, va trebui să-mi găsesc un loc de muncă. Roshan m-a asigurat că e în regulă.

Apoi m-am dus acasă la Corina să-mi iau bagajele să mă întorc la Killarney. Am căutat două ore stația de autobuz City Link, dar nu am găsit-o și apoi Roshan și cu mine am realizat că am trecut pe lângă ea de câteva ori. Amândoi am râs și am spus că ne vom aminti mereu City Link, la care am spus că este bine că am rămas mai mult împreună. Apoi, el mi-a spus dintr-o dată că nu exista nici un motiv în a merge înapoi la Killarney pentru că oricum mă voi întoarce. M-am uitat suspicios la el și am spus că nu pot. Nu puteam părăsi familia chiar acum, aveam nevoie de mai mult timp.

În autobuz, pe drumul de întoarcere acasă, mă gândeam la tot ce s-a întâmplat și mă gândeam cum să pregătesc pe toți din casa unde lucram, că eu plecam atât de repede. Mă gândeam să-i anunț că trebuie să găsească pe cineva care să mă înlocuiască. A fost găsit un traducător pentru biserică și poate că era timpul să plec. În același timp, nici nu mă puteam gândi să părăsesc copiii. Apoi am spus; *"Doamne, nu mă pot decide, dă-mi un alt semn, vreau să fiu sigur*ă *că fac voia Ta!"*

Când am ajuns acasă la Killarney, am așteptat până dimineața să le spun familiei că va trebui să merg mai departe și că vor trebui să caute pe cineva care să-mi ia locul. Reacția lor nu a fost cea la care mă așteptam. Chiar dacă m-am oferit să rămân până când găseau pe cineva, mi-au spus că pot pleca miercuri, deoarece au zi liberă de la lucru și puteau să aibă grijă de copii.

L-am sunat pe Roshan și i-am spus tot ce s-a întâmplat și a exclamat cu bucurie: *"Ți-am spus că te vei întoarce!* Pastorul Johnson mi-a spus să nu-mi fac griji cu privire la asta, că te vei muta în *Dublin!"*

Am sunat-o și pe Corina și am aranjat să mă mut cu ea pentru a putea începe să-mi caut un loc de muncă. Roshan m-a sunat și mi-a spus că nu poate veni, dar va trimite un prieten cu mașina lui să mă ia.

Am ajuns în Dublin și Roshan era foarte bucuros. El mi-a spus deja că a sunat câțiva prieteni pentru a vedea dacă știau de un loc de muncă pentru mine.

Duminică dimineața am fost la biserică și chiar am invitat-o pe Corina la biserica lui Roshan. Ea a spus că va veni atunci când ea simțea că trebuie să se mute. În drum spre mașină, Roshan m-a întrebat dacă vreau să mă căsătoresc cu el. Am crezut că glumea, așa că am răspuns cu DA! Apoi a spus-o din nou... „Vrei să te căsătorești cu mine?" De data aceasta am știut că era serios; am răspuns cu "DA!"

Aflați ce se întâmplă în timp ce mă pregătesc să fiu mireasă și zilele de după în următoarea mea carte ...

Pentru a contacta autorul vizitați
www.MirelaGergely.com

Inspirat să scrii o carte?

**Contactează
Maurice Wylie Media
Editorul tău creștin motivațional**

Cu sediul în Irlanda de Nord și distribuind în întreaga lume

www.MauriceWylieMedia.com

www.ingramcontent.com/pod-product-compliance
Lightning Source LLC
Chambersburg PA
CBHW071522080526
44588CB00011B/1527